ひとりでできた！

またやってみよう！

知的障害のある生徒が
料理を好きになるレシピ

安岡 知美 著
（高知大学教育学部附属特別支援学校）

はじめに

第1章　家庭科は「豊かな生活をプロデュースする教科」

1　高知大学教育学部附属特別支援学校について … 10
2　家庭科の位置づけ … 10
3　衣学習・住学習・消費生活分野の学習 … 12
4　家庭科で学んだことを本当の生きる力にするために … 14

第2章　本校家庭科が目指すもの

1　発達段階に沿って〜5つの階層〜 … 18
2　育てたいスキル　〜5本の指導の柱〜 … 23
　（1）発達段階に応じた課題設定 … 23
　（2）調理学習の基礎力 … 25
　（3）レシピを読み解く力 … 25
　（4）栄養バランスを考える … 26
　（5）実生活への応用 … 27
3　食学習6年間のカリキュラム（一部抜粋） … 32

第3章　本校家庭科食学習の取組

1　家庭科授業の工夫 … 34
　（1）くじらの家のキッチンルーム … 34
　（2）授業の工夫 … 35
　　①授業準備 … 35
　　②手本 … 36
　　③レシピ … 36
　　④数字の壁 … 38

第4章　食学習レシピ

入門 0段階　1　はじめてみよう　自分のランチづくり … 42

　（1）ポットでお湯を沸かそう・カップラーメンを作ろう … 42

（2）インスタントカレー・レンジ対応食品に挑戦 ………… 44

（3）サラダを作ろう ………… 44

レシピ

①ポットでお湯を沸かそう！カップラーメンを作ろう！ ………… 45

②レンジクッキングにチャレンジ！ ………… 47

③すいはん ………… 49

④ハンバーグカレー ………… 51

⑤サラダ ………… 52

◆コラム　買い物に行こう ………… 54

◆コラム　お米を研ごう ………… 54

◆コラム　買ってきたおかずを食べる ………… 55

基礎 1段階 2 簡単な料理を覚えよう ………… 56

（1）うどん ………… 56

（2）チキンライス ………… 57

（3）牛丼＋炊飯 ………… 59

（4）照り焼きチキン丼 ………… 60

レシピ

①うどん ………… 63

②カレーピラフ ………… 64

③ウインナーとキャベツの炒め物 ………… 65

④チキンライス ………… 66

⑤まぜるだけパスタ ………… 67

⑥牛丼 ………… 68

⑦照り焼きチキン丼 ………… 69

⑧肉じゃが ………… 70

◆コラム　はじめて作ったうどん ………… 72

◆コラム　苦手なものが多い生徒が ………… 72

◆コラム　大好きな牛丼 ………… 72

◆コラム　お母さんが寝込んだ時に ………… 73

◆コラム　後片付けも ………… 73

◆コラム　レシピは教員へのメッセンジャー ………… 74

活用 2段階 3 レパートリーを広げよう ………… 75

（1）ラーメン ………… 75

（2）スパゲティナポリタン ……………………… 76
（3）中華飯 …………………………………………… 77
（4）お弁当2種 …………………………………… 78
レシピ
　①ラーメン ……………………………………… 82
　②長崎ちゃんぽん ……………………………… 83
　③スパゲティナポリタン ……………………… 84
　④中華飯 ………………………………………… 85
　⑤あんかけ焼きそば …………………………… 86
　⑥豚の生姜焼き弁当 …………………………… 87
　⑦焼き鮭弁当 …………………………………… 88
　⑧冷やし中華 …………………………………… 89
　⑨くまさんオムライス ………………………… 90
　⑩ぶたにくとキャベツのオイスターソース炒め … 91
　⑪肉豆腐 ………………………………………… 92
　⑫スパゲティカルボナーラ …………………… 93
◆コラム　週末のメニューは …………………… 94
◆コラム　自信をつける ………………………… 94
◆コラム　おすすめ！バイキング大会 ………… 95

応用 3段階 4 自分で考えて作ろう …………… 96

（1）カレーうどん ………………………………… 96
（2）親子丼 ………………………………………… 98
（3）セルフプロデュースの5色弁当 …………… 99
（4）自分でランチプロジェクト ……………… 103
（5）チャーハン対決 …………………………… 107
レシピ
　①カレーうどん ……………………………… 114
　②やきうどん ………………………………… 115
　③チンジャオ焼きそば ……………………… 116
　④親子丼 ……………………………………… 117
　⑤ウインナー弁当 …………………………… 118
　⑥ベーコンまき弁当 ………………………… 119
　⑦肉野菜炒め弁当 …………………………… 120
　⑧カレームニエル弁当 ……………………… 121

⑨ほうれん草とベーコンの和風パスタ …………… 122
⑩麻婆白菜 …………… 123
⑪なすのみそいため …………… 124
◆コラム　食べることは生きること …………… 126
◆コラム　他の人に見てもらって食べてもらって分かること …………… 126
◆コラム　S君のチャーハン …………… 127

探求 4段階 5 将来の生活のために …………… 128

（1）市販の料理本やネットレシピを使って …………… 128
（2）地産地消〜高知家の食卓 in 附属特別支援学校〜 …………… 130
（3）1 DAY 家庭科 …………… 131
レシピ
　①チキンの甘辛にんにくソテープレート …………… 137
　②具だくさん牛丼プレート …………… 142
　③明太子パスタ …………… 146
　④かつおのガーリックステーキ …………… 147
　⑤きゅうりとみょうがの塩もみ …………… 148
　⑥ニラと土佐ジローとはちきん地鶏の炒め物 …………… 149
　⑦チンジャオロース …………… 150
　⑧ホイコーロー …………… 153
　⑨卵チャーハン …………… 157
◆コラム　1 DAY 家庭科エピソード①食材の値段を知る …………… 160
◆コラム　1 DAY 家庭科エピソード②先のことを考えて …………… 160
◆コラム　1 DAY 家庭科エピソード③どうしても肉が買いたい ……… 161
◆コラム　自分で考えて作る力は生きる力に …………… 161
◆コラム　学びを活かす …………… 162

資料編

■番外編レシピ「副菜」「汁物」「スイーツ」 …………… 165
■宿題プリント（セルフプロデュース弁当〜おべんとうの5色を考えて作ろう〜
　　　　　　／チャーハン・焼きそば5つの味のラインナップ／1 DAY家庭
　　　　科①〜⑤／宿題プリント①〜⑤） …………… 177

おわりに …………… 198

はじめに

家庭科担当の**思い**

知的障害者が**生きる**ということ

調理で**自信**をつける

やってみよう。もっとやりたい。

特別支援学校に通う生徒のみなさんへ

　特別支援学校に通う生徒のみなさん、みなさんは食べることが好きですか？　では、料理を作ることは好きですか？　食べることは大好きだけれど、料理を作るのは面倒、あるいはやったことがないという人も多いかもしれませんね。でも、せっかくなら、自分の食べたいものを作れる力があったら、いつでも作って食べることができますね。そういった生活に役立つ力を付けておいてほしいと考えています。なぜなら、みなさんは学校卒業後は社会人となり、やがて家族と暮らしている今の家から独立して、自立した生活を送ることになるかもしれないからです。一人暮らしをしたり、結婚したりするかもしれません。あるいは、家族の人が旅行に行ったり、入院したりで、一人で過ごさなくてはいけない日があったり、また大変つらいことですが、家族の人が先に亡くなることもあります。そういった時に、自分でお金を管理して、予算の中で食べ物を買い、栄養バランスを考えて、自分で料理ができる力が大事になってきます。いつもいつも外食ばかりでは、お金が続きませんし、栄養バランスも心配です。栄養バランスの悪い食事を続けていると病気になるかもしれません。そういった将来の自立した健康的な生活を考えると、料理が自分でできる力がある事がとても大切です。そして自分の食べたいものや好きなものを作れることは楽しみでもあります。自分の好きなものが作れること、休みの日の楽しみなど日々に彩りをくれるものです。

　この本では、高知大学教育学部附属特別支援学校の中学生、高校生が家庭科の食

学習で学んでいる内容を書きました。高知大学教育学部附属特別支援学校の家庭科指導部では生徒のみなさんの将来を考えて、料理を教えること、自立した生活の力を育てることに重きをおいています。学校にはたくさんのレシピがありますが、その一部を掲載しました。この本を手に取ってくださったみなさんの毎日の学習や生活、そして将来の生活に少しでも役に立てば大変うれしいです。誰でもできる簡単なことからスタートしています。これをめくって「このメニューをやってみよう」と思ったらぜひ取り組んでみてください。小さなことでもやれば、必ずみなさんの「生きる力」になります。みなさんのチャレンジと、豊かな毎日を高知から応援しています。

ご家族のみなさま、特別支援教育に携わる先生方へ

　本校は創立 55 周年、開校からずっと家庭科教育に力を入れてきた学校です。障害者の真の自立には食の自立が欠かせないと、特に食学習に熱心に取り組んでまいりました。分担調理ではない、一人 1 台のキッチン台を用いて「初めから終わりまで一人で作る」ことを大切に、毎週毎週食学習を中心に家庭科に取り組む中で生徒一人一人のスキルを向上させてきました。休日は自分や家族の食事を作る、数週間の職場実習期間中は自分で弁当を作って持参する、こうした実践によって、将来の生活に結びつく力をつけています。

　ご家庭のみなさま、家庭での食事の支度を大人がすべてやってしまっていませんか？子ども達は自立にむけて、自分の力を伸ばしたいと願っています。どうぞ機会を逃さず子どもたちをキッチンに入れてあげてください。どんな小さなことでもかまいません。お湯を沸かすだけでも、ご飯をお茶碗によそうだけでもやらせてあげてください。

　特別支援教育に携わる先生方、学校の家庭科や生活単元学習の時間でぜひ料理の機会を設けて取り組まれてみてください。できるだけ「初めから終わりまで一人で」。どの活動も生徒の生きる力になります。

　本校家庭科指導部の積み上げてきた実践、この本の内容が一人でも多くのみなさまのお役に立てましたらこれほどうれしいことはありません。食の自立を通して、知的障害のある生徒のみなさんの毎日がより豊かになることを願っています。

第1章

家庭科は「豊かな生活をプロデュースする教科」

高知大学教育学部附属特別支援学校が、なぜ家庭科に力を入れてきたか、どのような時間割で家庭科に取り組んでいるかについてお話ししたいと思います。

1 高知大学教育学部附属特別支援学校について

　高知大学教育学部附属特別支援学校（以下本校）は、人口およそ32万人の高知市の西部、朝倉地区にあります。本校は小学部1年生から高等部3年生まで約60名の知的障害を持つ児童生徒が在籍しています。小学部は2学年毎の複式学級が3クラス、中学部・高等部は1学年1クラスです。小学部と中学部は1クラス6名ずつ、高等部は1クラス8名の生徒が学んでいます。寄宿舎はなく、すべての生徒は高知市内や近郊の市町村から通ってきています。

　本校は昭和38年高知大学教育学部附属小学校の特殊学級認可を皮切りとしてスタートし、昭和45年4月に高知大学教育学部附属養護学校として設立されました。令和6年度で創立55周年を迎えました。

　現在、本校は高知大学のキャンパス内にあります。生徒は朝登校して着替えると、大学の陸上トラックを走ります。畑でとれた野菜を販売するために、大学の職員さんのところにでかけることも多いです。冬のマラソンは大学のキャンパス内を走り、買い物学習では大学生協でおやつを買うこともあります。年に数回教育実習生が本校で実習を行います。生徒は広々としたキャンパスで学校内外の人とかかわることのできる環境で、のびのびと学んでいます。

2 家庭科の位置づけ

　本校は知的障害のある生徒の自立を目指し、作業学習や生活単元学習、進路学習等に取り組んでいます。そして、「知的障害者の自立に食の自立は重要」と考え、創立以来、家庭科教育に力を入れてきました。中学部、高等部では各学年毎週家庭

科の時間があります。

時限	月	火	水	木	金
1	日常生活の指導					
2	体育	作業学習 印刷 農耕 木工 軽作業 hocco	体育	作業学習 印刷 農耕 木工 軽作業 hocco	体育
3	自立国数		社会性		音楽
4	生活実践 (1〜2年) 家庭科 (3年)	給食	生活実践 (1・3年) 家庭科 (2年)	給食	生活実践 (2〜3年) 家庭科 (1年)
		昼休み		昼休み	
5	生活実践学習	作業学習	日常生活の指導	作業学習	作業学習
6					
7	日常生活の指導	日常生活の指導		日常生活の指導	日常生活の指導

高等部の時間割（令和3年度の例）

　中学部では毎週火曜日、衣食住分野の学習を行っています。1学年（1クラス）が学期ごとに、衣食住の3分野を勉強しています。例えば中学2年生であれば1学期は食学習、2学期は衣学習、3学期は住学習といった流れで、3分野をバランスよく学習するというシステムです。高等部は3年間を通して家庭科を学習しています。

　衣学習では、アイロンがけやボタン付け、ほころび直しや裾上げ等生活に必要なことを精選して取り組んでいます。食学習では、調理や栄養バランスについて学習しており、先に述べた

ように、自立を目指しての調理学習が中心です。住学習ではゴミの分別や環境問題、掃除や快適な住まいのための工夫について学習を行っています。そして新学習指導要領が改訂となった今、消費生活分野の学習にも力を入れています。消費者被害だけでなく、キャッシュレス社会の到来を踏まえての金銭学習、おこづかいや家計管理についての学習、ひとりぐらしシミュレーション、ライフプランを考える学習など、学びの幅がますます広がってきました。

自活訓練棟「くじらの家」

　平成12年10月、自活訓練棟「くじらの家」が完成しました。「くじらの家」は2階建て、宿泊学習で大勢の生徒が一度に利用できる浴室や畳の大部屋「あけぼの」「はばたき」があります。個人で宿泊をして一人暮らしや自立に向けて学ぶ部屋「りょうま」には、ユニットバスとキッチン、ベッドが備え付けられています。1階には「キッチンルーム」があり、ここで家庭科の授業を行っています。「キッチンルーム」には約10台のキッチンが備えつけられています。高等部の1学級の定員が8名であることから、一人1台のキッチンで学習ができるように多くのキッチン台を構えています。これは本校家庭科教育の歴史のなかで「分担調理ではなく、準備から調理、試食、片付けまですべて一人で完結してこそ本当の力が付く」という考え方が受け継がれており、それを実現させるためにできた設備です。「くじらの家」ができたころに家庭科の教材として作られたレシピにも、一人で一人分、または二人分を作るものになっています。

　近年では、レシピは一人分のものに統一され、生徒は毎回家庭科の授業後にその時間に学んだレシピを自分のファイルに綴じます。本校の生徒は卒業時に一冊の料理本を仕上げて社会に旅立ちます。

3　衣学習・住学習・消費生活分野の学習

　本校の家庭科では「衣・食・住・消費生活分野」の4分野での学習を中心に行っています。今回この本では、本校家庭科が特に力を入れて取り組んできた食学習について書きますが、衣学習・住学習・消費生活分野の学習等ももちろん行っています。主な内容を次ページの表にまとめました。

　家庭科で取り上げたい内容はたくさんあるのですが、卒業後の生活を見据えて、特につけておきたい力をピックアップして授業内容としています。「ミシンでの作品づくり」も体験しますが、将来ミシンを活用して作品を作ると思われる生徒はほ

とんどいません。それならば、将来の生活を考え、例えば「ボタン付け」に力を注ぎ、全員が卒業までに一人でボタンが付けられるようになることを目指しています。

衣学習	●洗濯（洗濯機の使用・洗剤の種類・干し方） ●衣服のたたみ方・しまい方・季節の衣替え ●アイロンのかけ方・上履き洗い ●布のコラージュ作品制作・さをり織り ●運針の練習・刺し子練習・針と糸を使った小物作り・ミシンでのエプロン・弁当袋作り・ボタン付け ●季節やTPOにあった洋服の選び方
住学習	●SDGs学習（私たちにできることを考える） ●掃除の仕方（トイレ・お風呂・教室や廊下・窓・畳の部屋・じゅうたんの部屋など） ●清掃器具の使用（自在ぼうき、雑巾・机拭き・ダスタークロス・高圧洗浄機・掃除機など） ●ゴミの分別・リサイクル活動 ●キッチンの掃除（換気扇・水回りの掃除など） ●家電製品の安全な取り扱い ●殺虫剤の使い方 ●四季を快適に暮らすヒント
消費生活分野の学習	●買い物学習 ●おつかいミッション（自分の欲しいものではなく、頼まれたものを予算の範囲内で購入する） ●お金ものしりクイズ大会・ものの値段当てクイズ大会 ●お金持ちになるには（パチンコや副業、投資などお金が増えるかもしれないいろいろなものを取り上げ考える） ●消費者トラブルについて ●キャッシュレス社会に対応した学習（電子マネー・クレジットカード等） ●銀行の仕組み・税金について学ぶ ●家計管理 ●一人暮らしシミュレーション・一人立ちセルフチェック ●ライフプラン学習

4 家庭科で学んだことを本当の生きる力にするために

　本校ではこうした家庭科の授業を時代に応じて 50 年展開してまいりました。家庭科は「家庭」科です。学校の授業だけで完結せず、「家庭」という実際の生活の場に般化してこそ、本当の生きる力になると考えています。そこで、授業後や長期の休みには宿題を課し、家庭での取り組みを促します。家庭で取り組んでもらうための工夫は第 2 章で述べますが、「家庭科だより」や毎時間行う家庭科の振り返りシートなどを活用してきました。本校では中学部 3 年生・高等部 1 年生で 3 週間、高等部 2 年生と 3 年生でそれぞれ（4 週間を 2 回）の現場実習（職場実習）がありますが、その期間は自分で自分のお弁当を作っていくことを課しています。実習は社会人になるための勉強。社会人は自分のことは自分でするもの。普段家庭科で学習していることを実践する絶好のチャンスです。お弁当を作るのがどうしても難しい人は、お家の人が作ってくださったおかずを弁当箱に詰めるだけでも、それも難しい人は、ご飯を詰めるだけ、あるいは水筒に自分のお茶を入れてセットするだけでもかまいません。自分の食事は自分で賄う、このことを大切に取り組んでいます。

　家庭で子どもが料理をすることに、はじめは抵抗を感じるご家庭にも出会ってきました。「お弁当こそ親の愛情を示すことができるのに、なぜ家庭科の先生は子どもにお弁当を作らせるのか」と詰め寄られたこともあります。家で箸を出すことさえしたこともない、それがどこにしまってあるかも分からない生徒も何名もおりました。まずは保護者の方に、子どもが家庭科で学んでいて、子どもが自分ひとりで料理ができることを信じてもらうことが大事です。そして保護者の方が、じゃあうちの子に試しにやらせてみようかと、子どもをキッチンに立たせる機会を作ってくださるようになるまでが、最初に越えたいハードルです。保護者の方が、子どもが一人で料理をすることにケガをしたら…食器をこわしたら…できないから…などと、抵抗を感じている場合が多くあります。しかし、子どもはいずれ自立しなくてはなりません。親といつ離れて暮らさなくてはいけない状況になるか分かりません。その時になってからでなく、今からできる力をつけておきたいのです。また、自立して親元をはなれることがない子どもにとっても、家族で仲良く暮らすために、家

庭の中で役割があり、頼りにされることは大切なことであると考えます。

　家庭科は「豊かな生活をプロデュースする教科」です。食学習では調理ができるようになることで、経済的にも無駄がなくなり、栄養バランスのとれた食事を自分で考えて作ることができるようになると健康な生活が維持できます。衣学習や消費生活分野の学習では、財布の中身を考えて洋服を購入したり、住学習では清潔に暮らしたり。そして、それらが趣味にもつながります。休日にはお菓子を焼いたり、快適なインテリアをコーディネートしたり。家庭科はまさに生活そのものです。家庭科を学ぶことで自分の生活をより豊かに作っていくスキルが身に付くのです。家庭科を学ぶ中で生活を楽しみ、人生を豊かに彩るいろいろなスキルを身に付けていけるようにしています。

第2章

本校家庭科が目指すもの

1 発達段階に沿って〜5つの段階〜

本校家庭科は中高の6年間を通して、この5段階に沿って進めていきます。

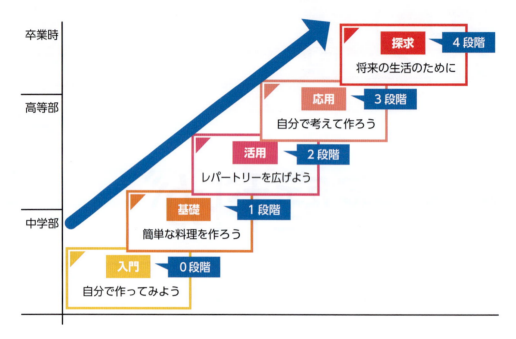

入門（自分で作ってみよう　0段階）

　中学部1年生や、これまで調理をまったくやったことのない高等部1年生が、家庭科の初めの一歩として取り組んでいるものです。生徒の中には、火や包丁を怖いと思っている生徒がいます。「入門」段階は、火や包丁をできるだけ使わずに、おいしいものを自分で作って、自信をつけるステップです。電気ポットや電子レンジを使って、インスタントラーメンやレンジ対応食品を作ります。あわせてサラダにも挑戦します。

　今回ご紹介するレシピでは、キュウリを切るのに包丁を使っていますが、まったく包丁を使わないで、冷凍のブロッコリーなどで代用するのもよいでしょう。お家にあるポットのお湯はいつも沸いているのが当たり前になっていませんか。家庭ではいつもは誰かが沸かしてくれているのですが、この段階では、自分でポットの内

側の線まで水を入れ、プラグをコンセントにつなぐことを経験します。ポットのお湯を自分で沸かしたことがない生徒が意外と多くいます。レンジ対応食品にしても、こうした便利な食品があることに気が付いていない生徒や保護者の方も多くいます。インスタントラーメンやレンジ対応食品などは、手軽で失敗も少なく一人で達成感を味わうことができるものです。こうしたものを作ることを通して、段階を追って自信をつけていって欲しいと思っています。

　この入門の段階は最初から最後まで自分でできた！という体験をする段階です。

▌ 基礎（簡単な料理を作ろう　１段階）

　主に中学での「基礎」段階で目指すものは、調理のスキルではなく、何より生徒が成功体験を積むことです。確実に成功体験を重ねることで、「自分にもできた」「またやってみよう」と思うようになるのです。調理が好きになることを大切にしています。他の学習に比べ、作ったものがダイレクトに自分のおなかに入り、「おいしかった」を味わい、満足するので、やはり家庭科は成功体験を積み易く、自己肯定感を育てるのに適した学習であると考えます。

　この段階で扱う教材は、基礎的なものです。調理の基本を安全第一と考え、まず「安全に火をつける、火を消すことができること」そして、「包丁で安全に食材を切れること」をポイントにしています。他の学校の先生に、「家庭科で即席ラーメンを作った」と話すと驚かれることがありますが、即席ラーメンは学校教育の家庭科ではあまり取り組まないメニューかもしれません。しかし、即席ラーメンは「火を使う」「包丁で食材を切る」ことはもちろんのこと、「計量カップの使い方」も「タイマーをセットして時間を見る」学習もでき、この段階の教材として基本中の基本メニューと考えています。メーカーによっては、スープを先にどんぶりに入れておくのか、麺を煮てから一緒に鍋に入れるのかそれぞれ異なりますので、「袋の裏のレシピを見て、読む」という学習もできます。そして、具材は決まったものはありません。何を入れるか、栄養バランスをとるにはどうしたらいいか、子どもが考えてわくわくする時間でもありますし、具材次第でとても栄養価の高い良い食事になります。何より、ラーメンは好きな人が多いので、家庭での般化率の高いメニューでもあります。このことから知的障害のある生徒にとっては、多くの学習要素が詰まっている優れた教材です。

基礎段階では「即席の素」を多く使用しています。牛丼も多くの家庭では醤油や砂糖を使って作ることが多いのでしょうが、ここでは「すき焼きの素」を使って教えています。「すき焼きの素」だと醤油や砂糖に比べて材料費は高くなりますが、メリットとしては、便利な食品を知って活用する術を知っておいたら楽なことと、何より先に述べた「成功体験」を積むためには、これらが近道なのです。スーパーに行くと便利な食品が多く並べられていますね。これらを使ってぜひ「自分にもできた」「またやってみよう」と思って意欲や関心につなげてほしいと願っています。

　そして１段階の後半からは、調味料の計量にチャレンジです。「大さじ１」「小さじ１」から行っていきます。こちらも確実に。調理のポイントとなる部分です。調理回数を重ねるにつれ、使用する調味料の数が増していきます。

▎活用（レパートリーを広げよう　２段階）

　この段階ではレベルも上がり、フライパンを２回使ったり、使う調味料が増えたりと工程が複雑になっていきます。特に「中華飯」「皿うどん」「八宝菜」「あんかけ焼きそば」は、ほとんど同じレシピです。これらのメニューを作るには、調理に慣れてきていること、レシピを読み解いて進めていく力がついていることが必要です。

　高等部になると、レシピは工程が１ページで完結している一面式（１枚）のものを使います。レシピをラミネート加工することで、裏面を水で濡らし、タイルの壁にピタッとつけて、目線の高さにおくことができます。子どもが自分で確認しながら調理を進めることができます。「一面式」のいいところ、それは何よりもひと目ですべての工程が分かることです。「基礎」の段階では一つの工程を１ページに書いた「めくり式レシピ」でしたが、少しずつ調理に慣れてきた「活用」の段階では、全体の流れを見通して調理を進めることをねらいにします。慣れてくると、番号通りに進めるばかりでなく、効率を考えて進めることもできるようになります（P25「（３）レシピを読み解く力」、P36「③レシピ」を参照）。

　「活用」の段階では、調理をどんどん進める経験をし、さらに自信とスキルを深めます。同じメニューを繰り返し行うことで、レシピがなくても作ることができるメニューも増えていきます。その後、レパートリーも広げていきましょう。

応用（自分で考えて作ろう　3段階）

　「活用」からより進んだこの段階では、さらなるスキルアップを狙います。調味料計量では、生徒の皆さんが苦手な壁「分数」が出てきます。調理でよく登場する「大さじ2分の1」や「カップ3分の2」といった分数の読み方、意味、計り方を覚えることができると、調理の幅は一気に広がります。

　市販の料理本やネットレシピ等、学校独自のレシピ以外では、分数の調味料表記は当たり前のようにしょっちゅう出てきます。ちょっと難しそうに思っても、ここはぜひクリアしておきたい箇所です。ここを超えると、自分で見つけたレシピで自分が食べたいものを作ることができます。

　また、「応用」ではお弁当作りがあります。お弁当のおかずはこまごまとしたものが多く、それらを朝の忙しい時間に効率よく作らなければなりません。これまでのスキルが試されます。お弁当に入れるおかずを考えることも、これまで栄養バランスの学習をしてきたことの積み重ねです。本校家庭科では、お弁当のおかずをどう組み合わせるのかを「お弁当の基本の5色」として「赤・黄・緑・白・茶色」と教えています。視覚的にこの5色がお弁当箱に入っていたら、赤・黄・緑の栄養素が摂れているというものです。授業ではこの5色のレパートリーを学習します。それぞれのレパートリーが増えたら、今度は生徒が自分で5色のおかずをそれぞれ考え、「セルフプロデュースの5色弁当」を作ります。自分で考えて、自分で作る。これまでの授業で決められたメニューを作るレシピ通りの調理から、自分で計画して進めるステージへステップアップです。

　さらにここで欠かせないのが「自分でランチプロジェクト」の取り組みです。このプロジェクトでは、チャーハン、焼きそばを作ります。大切なポイントは、これまでの経験を生かして、具材、量、味付け、盛り付け等すべて自分で考えて進めることです。教員は、チャーハンのご飯や焼きそば麺のほか、具になりそうな様々な食材や調味料を用意しますが、レシピは用意しません。なぜ「プロジェクト」というネーミングにしているのかというと、授業だけで終わりではないからです。夏休みや冬休みといった長期の休みに自分で作る宿題を出し、そこで、自分の家の冷蔵庫にあるものや、自分で買い物に行って食材を用意して、実際に家庭でチャーハン、焼きそばを作る、ところまでします。これが「自分でランチプロジェクト」です。

自分で赤・黄・緑の栄養バランスを考え、レシピなしでチャーハンや焼きそばを作ることができるか、ここまでの学習の成果を見定めるテストのような面もあります。そして、高等部のすべての生徒がたどり着いてほしいゴールです。

　自分でレシピなしで作ることのできるメニューがあるのは素敵なことです。ここまで学習して力をつけてきたのですから、「自分はこれができる！」と自信をもってできるメニューを作ることがこの段階の目的です。チャーハン、焼きそばはいろいろとアレンジができるメニューです。自信を付けたらさらに研究し、自分だけのスペシャルチャーハン、スペシャル焼きそばをぜひ開発してほしいと思います。

▌▶ 探求（将来の生活のために　4段階）

　最後の「探求」の段階では卒業後の自立を目指した段階です。学校独自の教材用レシピは卒業し、自分で市販の料理本やネットレシピを検索して、それを実際に作ります。食べたいものが食べられる、そのための調理スキルはここまでで十分ついています。そして、この段階からは買い物にも行きます。自分で栄養バランスを考えてメニューを決めたら、それに必要な食材を調べます。そして、冷蔵庫の中や買い置きの食材を見て、今何があって何が足りないのか考えて、予算内で買い物に行きます。チラシを見てお得に買えるものがあればもちろんチェック。また買い物は今回の調理のことだけでなく、次の調理のことも考えてできるようになって欲しいですね。お肉を買ったら小分けにし、冷凍して次回にも使うといった、先のことを考えてメニューを考える、そんな力をつけたいと考えています。

　卒業後に、明日から急に「一人で食事のことをしなくてならない！」といった状況が、もしかしたら来るかもしれません。その時に対応できる力をつけること、それが「探求」段階の目的です。食べることは一生続きますので、卒業時点が調理学習のゴールではありません。そこで、卒業までにつけたい力として、「自分が食べたいものが作れる力」が挙げられます。それは、市販の料理本やネットレシピ、テレビの料理番組でもいいのですが、「ああこれが食べたいなあ」と思った時、それを作ることのできるスキルのことです。また、いくら料理のスキルがあっても、何でもかんでも買って作るのでなく、予算を考えて買い物をする、その際に買い置きしてある食材や冷蔵庫にある食材を見てメニューを考えられることも重要です。栄

養バランスを考えてメニューを考えられることは、将来健康な毎日を作っていくことの基本になりますから、そのスキルも重要です。買い物では、チラシを見て上手に買い物ができること、賞味期限や添加物、産地等の情報を見て考えて商品を選ぶことができること、先を見通して、何日か分の献立を立て計画的に買うことができることも、卒業後の長い人生のため、できるようになっておいてほしいところです。「探求」の段階は、自分で考えて作れることだけでなく、卒業後の長い人生のこれからずっと続く食生活のための幅広い学習です。

2 育てたいスキル ～5本の指導の柱～

　中高の6年間を系統立てて家庭科を指導するにあたって、以下の5点を柱としています。
　（1）発達段階に応じた課題設定
　（2）調理学習の基礎力
　（3）レシピを読み解く力
　（4）栄養バランスを考える
　（5）実生活への応用
これらを念頭におき、調理のスキルアップをしてきました。

（1）発達段階に応じた課題設定
　中学の3年間は、「衣」「食」「住」の内容を1年間の学習に割り当てるため、「食」学習は1年間の家庭科の授業の1/3の時間です。また近年は消費生活分野の学習も求められており、時間数は限られています。高等部の3年間と比較すると、家庭科の食学習の割合は少ないのですが、何よりも子ども自身が「自分にもできた」という成功体験を持つことを大事にしています。そして、「料理は家の人がするもの」「大人の人がしてくれるもの」という既定の生活意識を取り払い、「自分でもするもの」「自分にもできるもの」「将来は自分でやっていくもの」という意識を育むことも大事にしています。
　中学部1年生の段階では、基本的なスキルや安全面と同時に、自分にもできたという喜び、自信を持たせる時間です。中学部2年生では、授業で決まったメニュー

にも取り組みますが、即席ラーメンを作る授業では、自分で好きな味を選んで作ってみる、うまくできたら今度は別の味にチャレンジしたり、具を変えてみたりとアレンジを楽しむことをしてみます。そうすることでスキルにも心の面にも深みを増して、ぐっと成長が見られます。

　また、中学部では、同じメニューを2～3回続けて取り組んでいます。これは、繰り返しの学習でスキルが確かになること、そして繰り返すことで復習もでき、前回よりもきれいにおいしいものが作れ、成功体験が味わえることが期待できるからです。中学部1年生のうちは、示範（お手本）が毎回ありますが、2年生3年生になると、以前やったことのあるメニューを作るときは、示範はありません。

　本校では中学部3年生の11月から職場実習をしています。その機会を自立の一歩としてとらえ、「自分のお弁当を自分で作る」ようにします。もちろんご家庭の協力が必要ですが、いよいよ自分のことは自分でする、を実践の場で生かす機会です。家庭科でもおかずを詰めるだけの簡単なお弁当を学習します。それを踏まえて、ご家庭にも協力をお願いし、実習中1回でもいいので、自分でお弁当を作ってみることに取り組んでもらいます。

　高等部ではここまででも触れてきたように、「食」学習に重きを置いており、家庭科の他分野の学習より多めに時間を取って学習しています。基本的には毎週違うメニューに取り組み、レパートリーの拡大を狙います。

　本校中学部から内部進学した生徒は調理のスキルがある程度あるのですが、高等部から入学してきた生徒は、それまで学んできた中学校での調理経験がある生徒もいたり、全く調理に触れたことのない生徒もいたりと実態が様々です。一般的に家庭科ではグループでの調理が主なので、自分で初めから終わりまで全て一人でやったことのある生徒は、これまでいませんでした。グループの人達がしている調理を見ているだけだったり、皿洗いだけやりましたという生徒もいたりしたのが実態です。その実態をふまえて、高等部1年生の段階では、生徒自身がスキルを身に付けレパートリーを広げながらも、成功体験を積み重ね、自信を持ち、調理を楽しいと思うことができるように取り組みます。

　高等部1年～2年生では「自分でランチプロジェクト」を行います。生徒自身が、少しずつ、自分で考え工夫して調理することや、実際に休日に家庭で作ってみることに取り組みます。高等部でも職場実習があります。その時にも、中学部の時

と同じようにお弁当作りの学習に取り組んでいます。詰めるおかずのレパートリーは段々と増やしていき、２年生になると、「セルフプロデュースの５色弁当」を作ります。自分で栄養バランスを考えて入れるおかずを決め、実際に作ります。ここまでは、生徒の実態に合わせ工夫したレシピを使っていましたが、それもここでおわりです。ここからは市販の料理本やネットでレシピを検索して、自分で探して考えて行う調理に移行していきます。そして高等部３年生では、これまでの集大成として、今度は買い物から行う「１DAY家庭科」へと進めていきます。

（２）調理学習の基礎力

　家庭科では調理そのもののスキルを大切にしながら、学習の基礎力も大事にしています。学習の基礎力とは、準備・片付け・道具の名前、洗い物の仕方、あまった食材の保存、生ごみの始末、係の仕事などのことと考えています。準備には、準備カード等を用いて、高等部２年生からは自分で考えて道具の準備をするようにします。洗い物は一つ一つ丁寧に。中学部では、洗い物に特化した授業もあります。洗う順番、洗剤のつけ方、こすりかた、すすぎ方等。PowerPointを使ってポイントを確認しながら学びます。そして、回数を重ねると、素早く準備や片付けを行えるようになるスキルの上達も大切なポイントとしており、手際の良さを身に付けます。生ごみやその他のごみの始末、消毒作業、キッチンルームの掃除等これらも６年間一貫して学べるようにします。

（３）レシピを読み解く力

　本校では主に２種類のレシピを使っています。「めくり式レシピ」と「一面レシピ」です。中学部では確実に進められるように、１ページに一工程の情報が書かれた「めくり式レシピ」を使い、一つ一つ確認しながら進めます。高等部からは、調理の工程が１ページで完結している「一面レシピ」を使います。一度に全工程の情報が得られ、自分で考えて進めていくことができます。そして、高等部２年生の後半からは、本校オリジナルレシピを終了して市販の料理本やインターネット上に掲載されているレシピでの調理に挑戦します。本校オリジナルレシピでは全部の情報をていねいに入れていましたが、世間に出回っているほとんどのレシピの多くは工程の一部を省略をしています。「Ａの調味料を１のボウルに入れ・・・」など、Ａをあらかじ

め作っておかなくてはいけませんし、1が何かわからなければ進めることができません。また「煮立ったら」「さっとゆでる」「焼き色がつくまで」「5～8分程度煮る」等の料理用語やあいまいな表現が数多くあります。それらを解釈して調理ができることも大事です。また調味料の計量も大切です。数字を読んでその通りに作ることができることは、重要です。ここまでできるようになるために、中学部段階からレシピを読み解く力をつけていきます。レシピが読めてその通りに作れること、それは「自分が食べたいものが作れる力」につながります。

（4）栄養バランスを考える

　中学部・高等部の6年間で一貫して指導しているのは、3色栄養素です。3つの食品群を構成する赤（肉や魚などからだをつくるもとになる食品）、黄（ごはんや油などエネルギーのもとになる食品）、緑（野菜や果物などからだの調子を整えるもとになる食品）の3色でできており、カテゴリーが複雑でなく分かりやすいことがポイントです。本校のキッチンルームには3色栄養素の大きなポスター（図）を貼っています。

　中学部の3年間の授業では、毎回初めに、その日作るメニューを確認して、どんな食材が使われているかを出し合います。そしてそこで挙げた食材が、どの色の栄養素に当たるかを考えます。一人一人が赤黄緑の3色に色分けされたボードを持ち、使われている食材のカードを、赤や黄色、緑の栄養素の欄に置いていきます。最後に「赤にはこの食材」「黄色にはこれ」「緑にはこれがあてはまる」と、その作るメニューによって3色の栄養素がそれぞれ摂取できることを全員で確認します。これを繰り返し学習することで、毎回の食事には赤・黄・緑の3色栄養素のバランスがとれていることが大事であり、それが健康な体につながることを学んでいけるようにしています。

　高等部では一日の理想の献立を考える学習や、栄養や健康について学ぶ学習もしています。いずれも基本は赤・黄・緑の3色栄養素としています。高等部3年生では集大成として「1DAY家庭科」の学習を行うのですが、その時は赤・黄・緑の3色栄養素の欄に、その回に自分が使う食材を書き込んで、栄養バランスがとれているかチェックします。

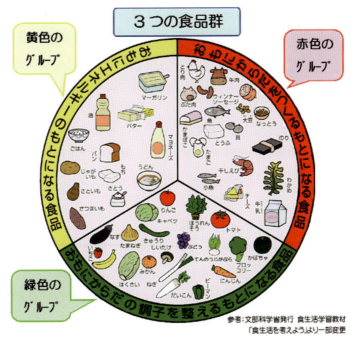

図　3色栄養素（3つの食品群）

(5) 実生活への応用

　家庭科は「家庭」科であると考えています。実際の生活の場で生かしてこその本当の力であると考えています。いくら授業でできても、実際の生活の場でできないのでは意味がありません。生きる力をつけるための学習ですから、「家庭」で実践してほしいというのが家庭科担当教員として最も大きな願いです。実際の場で生かすためにはご家庭の協力が必要になります。子どもが台所に入るのが嫌、包丁を持

たすなんて怖い、料理をさせるなんてかわいそう、と考えている保護者にもこれまで出会ってきました。保護者の方の中には学校に「もっと料理をできるようにさせてください」とお願いはするけれど、家庭では保護者がやってしまって、子どもが高校生になっても、子どもには食事の際自分の箸も出させていない、食べ終わった食器を流しにもっていくこともさせていないご家庭もありました。学んだことを実際の生活の場で生かすためには、保護者の考え方にも働きかける必要性をひしひしと感じましたので、保護者の理解を得るために、家庭科だよりや日誌などを通して授業の様子をこまめに発信してきました。

① 家庭科だより「マイ クッキング」の発行

　家庭科だより「マイ クッキング」を月に1〜5回程度発行しています。各学年の授業の様子やメニューの人気ランキング、家庭からの報告等を掲載しています。
　生徒のみなさんの写真つきでみなさんが作った料理を紹介し、本人の頑張りを伝えられるようにしています。

マイ　クッキング

第2章 本校家庭科が目指すもの

マイ クッキング (my cooking) No 13
2019年12月2日(月)

1～2年生、3年生の追加実習の皆さん、実習お疲れ様でした。
2学期もあとちょっとになります。カレンダーは早くも最後の1枚、12月に突入です。
今回は「実習のお弁当を頑張った人その3」と授業の様子をお伝えします。

＜実習に自分でお弁当を作って持っていっている人、ご紹介！ その3＞

高1組 ●●●●さん

ふだんから家庭でも積極的に調理に取り組んでいる●●さん、今回の実習も●●さんなら…と期待していましたが、やっぱり！がんばっていました！実習日は●●さんの実習先巡回日には当たらなかったので残念ながら今週●●さんがどんばっていたことを知りました。もちろん写真も撮れておらず…ごめんなさいね m(__)m
家庭科のファイルにお母さんが書いてくださった文をそのまま載せさせていただきます。

「実習中のお弁当作りもがんばりました。前日に卵焼きや野菜は自分で作ってタッパーに入れておき、朝はちゃんと自分で何日詰めていました。前日の残りや冷凍食品も使って無理なくがんばっていました (^_^)中▲の時の実習にくらべると数段手際よくやっていました (^o^)」

●●さん、素晴らしいですねどんなお弁当か見たかったなあ。ますます生活力が付いたことでしょう。毎日欠かさず応援してくださったご家族の皆さまにも感謝でいっぱいです。ありがとうございました♪

～授業の様子から～
＜1年生 レモンラーメンに挑戦＞

みんな大好きなラーメン。なのに「ラーメンにレモン？」とびっくりされる人がいるかもしれませんね。実はこれ、レモン生産量日本ナンバーワンの広島県にある宮島SAでは超人気の定番メニューなんです。ほんのり酸味がきいていて、過去の家庭科ではリピーター続出の大人気メニュー。これ1年生がチャレンジしました。具はレモンに合うように、レタスと鶏肉を胡椒で炒めて、仕上げにブラックペッパーで味を整えます。簡単でやみつきになる味です。冬休みに家庭でも作ってみてくださいね。

マイ クッキング (my cooking) No 13
2020年9月16日(水)

＜高2 ●●●●さん 酢豚に挑戦！！＞

家で酢豚を作ったよと、亜衣華さんが送ってくれました。とてもおいしそうにできていますね。実はこの酢豚、スーパーで売っている「玉ねぎを1個加えるだけ」でできる便利商品で、安南が●●さんにおすすめしたもの。家の人がいないときでも自分でさっと作れる便利商品、妻にはわかりやすいレシピもあります。こういうのを知って味方につけておくと、レパートリーの幅が広がりますね。
●●さん、Good Job！お母さんにも喜ばれたかな？またチャレンジしたものがあったら教えてください。

＜高3 現場実習、お弁当作り頑張っています！＞

高3生の現場実習も返し始めます。今回は、職場での昼がついていて、お弁当を持参する必要がない人も何人かいるようです。お弁当の必要な人は、毎日暑く忙しいが、社会人生活を見据えての自分の食事作り、頑張っています。巡回に行った教員からいただいたお弁当の写真、掲載します。高3のみなさん、後半戦もがんばって！！

マイ クッキング (my cooking) No 20
2020年2月8日(土)

～授業の様子をお伝えします～
＜2年生Aの授業より 高知家の食卓 in 附属特別支援学校2019＞

今年もやりました。高知家の食卓in附属特別支援学校。
今年は冬休み高等部全員にアンケートを取り、結果、上位ランキングに名を挙げたカツオ、ピーマン、トマトを取り上げました。（3年生は去年やりましたね。1年生の皆さんにもしたかったのですが、レシピのスキルを考えて、今年も2年生のみで作りました。1年生の皆さん、ごめんなさいね。来年やりますので、お楽しみに♪）

今年のメニューは
カツオのガーリックステーキ
安芸名物ちりめんじゃこご飯
ピーマンの胡麻和え
フルーツトマト
デザート文旦
四万十あおさのりのスープ
です。ご想像いただけると思いますが、
高等部3年間の家庭科で一番豪華なメニューです。なんてったって一人カツオを「半さく」も焼くので！授業のはじめには、みんなで高知県の地図を囲んで、高知県について勉強しました。「○○市は▲先生の出身地」「高3の●●ちゃんは香美市からきているね」「栢野先生は室戸の中学校から来たよね」「栗田先生の前の学校があるのは四万十中村」…からはじまり、「安芸市は阪神タイガースがくるよね。ちりめんじゃこのおいしい街」「果物のCMの西島園芸団地は南国市」「カツオはどこでとれるかな」「四万十川は手長えびや青さのりが有名」と高知県名産品で盛り上がりました。

マイ クッキング (my cooking) No 31
2021年2月8日(月)

2月5日 高1 自分で赤黄緑の栄養を考えて オリジナルラーメン作り

赤黄緑の栄養バランスを学習してきた高1組。ラーメンの麺は黄色。じゃあ、赤と緑は何れる？8人がそれぞれメニューを考え、オリジナルラーメンを作りました。3色のバランスはばっちり！オプションもそれぞれに。お手本なし、初めての文字のみレシピで頑張った1組のラーメン定食、どれもおいしくできました！！

●●●●さん
鶏肉、ニラ、もやしがたっぷり入ったスタミナとんこつラーメンにプラス餃子。スキルの高い双葉さん、もちろんひとりで完成させました。これで松岡修造ばりに元気はつらつ！

●●●●さん
具は鶏肉、キャベツ、すきまきをチョイス。一人優雅にデザートにプリン。オシャレなラーメン定食出来上がりました。具材の大きさ、切りかた、nice！大満足！

●●●●君
「山田隆夫 color」はすきまきとチャーシュー、大好きな「歌丸 color」にめんまに加え、なんときゅうり！新鮮！！「冷やし中華にも入ってるし～」なるほど、納得、100点の笑顔です。

●●●●君
ニラ玉、冷凍豚カツ（自然解凍）、メンマ、コーン、ねぎ、すきまきと豪華版。時間がかかったけど、納得いく味噌ラーメンができましたね。まだどんどんやってみてください。

②個人の家庭科ファイルの作成

　ひとりひとりの「家庭科ファイル」を作っています。それぞれの家庭科ファイルにその日の授業の様子を書き込み、できあがり写真等を貼っています。保護者からのコメント欄を設け、コメントをもらったら必ず返信をすることにしています。保護者との信頼関係を作れるように努めています。24人の生徒に家庭科の授業毎にコメントを書き、写真を貼って家庭に返すことは時間も要しますが、これにより確実に家庭での実践例は増えました。ファイルの中身は中学部3年間、高等部3年間を通してどんどん増えていき、その重さから生徒が確実に成長していることがわかります。また、他の生徒の家庭での実践例を家庭科だよりに掲載することで「うちの子もできるかも」と保護者同士の刺激にもなるようです。「家庭科のあった日の翌日は家庭科ファイルが返ってくるので楽しみ」との声も多くいただき、保護者に家庭科の授業に関心を持ってもらえるようになっています。

 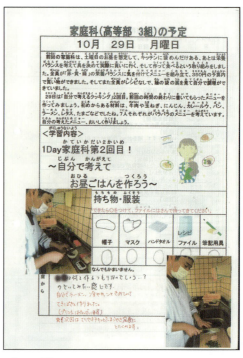

家庭科ファイルの例

第2章 本校家庭科が目指すもの

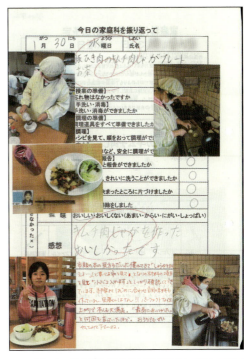

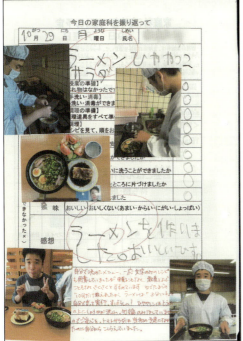

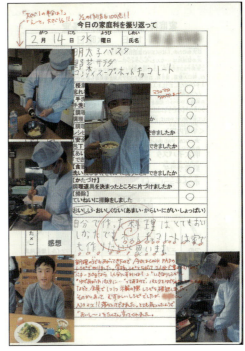

実生活で料理をすると確実に力は伸びます。「こんなのできるようになったの？すごいね」と家族に褒められ、本人も自信をますますつけ、またやってみようという気持ちになりますし、家族も子どもを見直したり、認め合ったりすることができます。

遠足や実習などの弁当が必要なときは、「自分で作ってきましたか？」と声をかけて回り、必ずチェックをしています。もちろん写真も撮って、家庭科だよりに掲載しています。

ここまで述べたように、一貫して5つの指導の柱を大切にして取り組んでいます。この5つの指導の柱のもと、5つの段階にそって学習内容を組んでいます。

3　食学習6年間のカリキュラム（一部抜粋）

本校では食学習6年間（中学部・高等部）のカリキュラムを作成しています。レシピごとに育てたい調理技術（スキル）や育てたい知識などを表にまとめており、段階を追ってレベルアップしていることが確認できるようになっています。

学部	学年	番号	レシピ名	育てたい調理技術	育てたい知識	道具の理解	聴覚支援（one point phrase）	授業支援	仲間分け	発達段階
中学部	1学年	1	うどん	安全にガスに火をつけ使用する1	ガスコンロの使用	鍋		めくり式レシピ 手順書 実演（見本の提示）		ガスコンロの使い方
					中火が分かる	ガスコンロ	「1・2・3離す・・・中火」			手順書を見て調理する
				安全に包丁を使う1	包丁の使い方	包丁	「刃は下に」「手はねこ」			包丁の使い方
				タイマーに従って調理する1	タイマーの使い方を知る	タイマー				
		2	チキンライス	正しい混ぜ方・炒め方を知る1	満遍なく混ぜる	ターナー	「底から全体を混ぜる」	めくり式レシピ 手順書 実演（見本の提示）		混ぜるの始まり
				安全にガスの火をつけ使用する2	ガスコンロの使用	フライパン				
					中火が分かる	タイマー	「1・2・3離す・・・中火」			
				正しく計量する1	大さじ1の作り方を知る	大さじ	「ぎりぎりまで粉類ではかる」			大さじの使用
				安全に包丁を使う2	切り方が異なる素材を知る	包丁	「ごりごり切る」鶏肉			
				タイマーに従って調理する2	タイマーの使い方に慣れる	タイマー				
				玉ねぎの皮をむく1	皮をむく野菜を知る					
			即席スープ	ポットの正しい使い方を知る1	ポットで湯を出す方法を知る	ポット 身近な家電製品①	「ロック解除！、お湯を出す！」			ポットの使用
				インスタント食品の使い方を知る1	袋の裏を見て正しく作る習慣をもつ	お椀				
			野菜サラダ	野菜の汚れを落として綺麗に洗う1	野菜の汚れの理解	ざる	「表・裏よく洗う」			
				安全に包丁を使う2	野菜の切り方を知る（きゅうり）		「レタスはちぎる」			
		3	豚肉と五目野菜いため	安全にガスの火をつけ使用する3	ガスコンロを確実に使用する	フライパン	「1・2・3離す・・・中火」	めくり式レシピ 手順書 実演（見本の提示）		ガスコンロ使用の完成期
					中火が分かる					
				正しい混ぜ方・炒め方を知る2	焦げ付かないように素早く満遍なく混ぜる	フライパン				
				安全に計量する2 ＝重要行動	調味料を正しく計る、混ぜる	大さじ1の計量・混ぜる	「ぎりぎりまで、そおっと計る」			調味料の始まり
				玉ねぎの皮をむく2	皮の剥き方に慣れる		「茶色の皮は全部とる」			炒める
				安全に包丁を使う3 ＝重要行動	複数の野菜の切り方を覚える（キャベツ・人参・ピーマン・玉ねぎ）	包丁（切り方の違い）キャベツ・人参・ピーマン	「キャベツは斜めて切る」			
			即席スープ	ポットの正しい使い方を知る2	ポットで湯を出す方法に慣れる	ポット 身近な家電製品②	「ロック解除！、お湯を出す！」			インスタント食品の使用
				インスタント食品の使い方を知る2	袋の裏を見て正しく作る習慣をもつ	お椀				温度の理解（お湯）
		4	牛丼	安全にガスの火をつけ使用する4 ＝重要行動	ガスコンロを自信をもって操作する	片手鍋（雪平鍋）	「1・2・3離す・・・中火」			
					中火を安定的に維持する	片手鍋（雪平鍋）				
				煮物の正しい調理方法を知る1	焦げ付かないように素早く満遍なく混ぜる	片手鍋（雪平鍋）	「茶色の皮は全部とる」			
				玉ねぎの皮をむく3	玉ねぎの皮（茶色）の部分を取り除く	包丁				
				安全に包丁を使う4	玉ねぎを薄切りする	包丁	「うすく・うすく・ていねいに」			
			炊飯	炊飯器を正しく使用する1	炊飯器の正しい操作方法を知る	炊飯器 身近な家電製品③	「水滴があると必ず布巾でふく」	めくり式レシピ 手順書 実演（見本の提示）		炊飯器の使用開始
				計量カップで米を正確に1合はかる	すり切りして1合はかる方法を知る	計量カップ	「平らなところに1回おく」			計量カップの使用開始
				米の研ぎ方を知る	米の研ぎ方の手順を知る	炊飯器	「お釜の下はお手ふき巾でふく」			
				目盛を見て適量の水分をはかる	目盛の見方を知る	炊飯器の目盛	「数字の線を目で見てよく確認」			
				計量カップ（200cc）を正しく使用する1	平らな所に置き、目盛をよく見てはかる	計量カップ	「平らなところに置く」			雪平鍋の使用開始
			人参サラダ	ピーラーを正しく安全に使用する	ピーラーの安全な操作方法を知る	ピーラー	「自分の体、外側」			ピーラーの使用開始
				プルタブ缶を安全に開ける1	プルタブ缶（シーチキン）の安全な開け方を知る	缶づめ	「輪っかに指を入れて・・・」			
				ひとつまみの塩の取り方を知る1	親指と人差し指と中指をスライドさせて塩を取ることを知る		「ぜーーひとつまみ」4回練習し実演			
			即席スープ	ポットの正しい使い方を知る3	ポットで湯を出す方法に慣れる	ポット 身近な家電製品④	「ロック解除！、お湯を出す！」			
				インスタント食品の使い方を知る3	袋の裏を見て正しく作る習慣をもつ	お椀	「お椀はポットの下に置く！」			

食学習6年間のカリキュラムの例

第3章

本校家庭科
食学習の取組

1　家庭科授業の工夫

　これまでも述べたように本校の家庭科の食学習の授業は一人一台のキッチン台で行っています。本校の家庭科室であるキッチンルームと、授業で工夫していることについて説明します。

（1）くじらの家のキッチンルーム

　本校の日常生活訓練施設くじらの家にキッチンルームがあります。各キッチン台には、一通りの材料がすべて揃っています。

　毎回毎回一人分の食材を全員分用意することは手間がかかる面もありますが、一人ずつキッチンがあり、自分の道具で初めから終わりまで自分ですべて作る、このことが生徒の力を伸ばすこと、そしてやる気を高めることに大きく関係しています。複数人数で「肉の担当」「野菜炒めの担当」「皿洗いの係」等の分担調理や、仕事の

一部分を担っただけでは、自分ひとりでその料理を作れるようにはなりません。調理のスキルを上げる、確実に自分で作れるようにする、そのためには一人で最初から最後までやりきる体験が大切です。成功も失敗もすべて勉強。家庭や学校で調理をするときも、自分専用の道具を持っておくとそれだけでやる気が高まります。

（２）授業の工夫

　中学部から高等部まで６年間家庭科に取り組んでいますが、全５段階の「入門」の段階から１段階、２段階とレベルを上げていきます。中学部は料理のスキルよりも成功体験を得られることを大切にしています。「自分にもできた」「またやってみよう」という体験を通し、自分に自信を持ち、料理を前向きに取り組もうとする気持ちを育てています。

　「料理は大人のすること」、「家の人の仕事」といった考えを生徒自身も保護者も見直すことで、将来の自立に向けた家庭での取り組みにつなげていきます。

①授業準備

　授業が始まるまでに生徒は身支度をして、キッチンルームに入ります。手を洗って消毒し各々のキッチン台に行き、換気扇のスイッチを押し、ガスの元栓をあけて、道具の準備をします。各キッチン台には、「道具準備のカード」があります。その日準備すること、準備する道具はこのようにカードになっています（写真）。準備ができるごとに「おわり」ボックス

道具準備のカード

に入れ、カードがすべてボックスに入ったら準備完了です。この支援は「活用」（２段階）まで行っています。

　「応用」（３段階）、「探求」（４段階）になると道具のカードは使わず、自分でその日のレシピを見て、あるいは自分がこれから行う作業を考えて自分で用意するようにしています。実際に家庭でやるときに、自分で考えて道具を準備するのと同じようにしています。

②手本

　「応用」3段階まではまず指導者がお手本を見せてポイントを示し、その後、それぞれが調理に取り掛かるという流れで行っています（写真）。「探求」4段階になれば、自分でメニューを考えたり、買い物に行ったあとそれぞれが調理に取り掛かっていますが、

・切った食材は見せる…ポイントはどのような切り方をしたか？　大きさは？　手本でカットしたものを一人一人の前に持っていって見せる（○センチ幅はこれくらい）。厚さ等も必ず確認させる。
・調味料計量も学習のポイントとなるフレーズを生徒に繰り返し伝え、計量場面を見せる。

　2段階、3段階と進むにつれ、指導者の手本は短縮していくことにしています。あらかじめ野菜は洗っておく、食材は切っておく（この場合でも大きさや切り方はさっと確認）、合わせ調味料を作っておく、等。調理に慣れてきた生徒は自分が作る時は自分の目の前のレシピを見て、これまでの経験を思い出しながらそれぞれ調理を進めていきます。

手本を見せるようす

③レシピ

　家庭科食学習では本校オリジナルのレシピを使用しています。レシピは家庭科の教員が作っています。何度も試行錯誤をしながら、そのとおりにやれば確実に生徒ができるというような流れ、確実に火が通る炒め時間などを、確認して作っています。レシピ

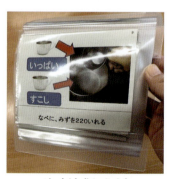
めくり式レシピ

は「めくり式レシピ」と「一面式レシピ」の２種類があります。

●めくり式レシピ

　１ページに一つの工程が書いてあり、工程がおわったらレシピをめくり、次の工程に進むというものです。対象は、主に中学部の３年間（１段階）や、高等部でも情報が一つずつのほうが分かりやすい生徒向けのものです。100円均一ショップで売られているフォトアルバムやはがきフォルダーを使用しています。「レシピ立て」にたてて、１ページずつめくりながら調理を進めます（P36写真参照）。

●一面式レシピ

　一枚に、材料の準備から盛り付けまでを８工程で示しているレシピです。スタートとゴールは黄色であらわす（「メニュー名」と「できあがり」の枠を黄色にしている）など、始めと終わりがわかるように工夫しています。そうすることで、全体の流れが分かりやすく、慣れてくると番号順でなく自分で効率よく組み替えて進めることもできます。

一面式レシピをよく見て作るようす

　レシピはラミネート加工し、濡らすとタイル壁に貼ることができるので、生徒は自分の目の高さに貼って使用しています（写真）。生徒は授業の終わりにその日作ったメニューのレシピを持ち帰って、家庭科のファイル（レシピ集）に綴じています。卒業時には１冊のレシピ集が完成します。

●時間設定

　市販の料理本やネットのレシピには「３～５分煮る」等と書かれていることがよくありますが、これでは生徒は「３分？４分？それとも５分？」と戸惑ってしまいます。調理になれるまではきっかり「５分煮る」「１分炒める」と時間を明確にしています。そのほうが迷いなく進められます。ただし、教員はレシピを制作する時には、この時間を出すため事前に何度か調理をしてみて、しっかり火の通る時間、焦げずにちょうどに仕上がる時間、どの生徒も確実にできる時間を出すように確認しておくことが必要です。

●料理の世界のあいまいな用語は徐々に使う

　料理の世界では「しんなりする」とか「きつね色になるまで」などの表現が出て

きます。逆に言うとこれらの言葉は料理以外ではあまり使いません。ですから調理に慣れていない生徒は、言葉だけを聞いてもその状態を想像することは困難です。きつね色といっても全員がこんがりしたおいしそうな黄色を思い浮かべることとは限りません（かつて絵本に出てきた水色のきつねを想像した生徒もいます）。1段階〜2段階では、そのような表現はあまり使いませんが、2段階後半〜3段階になると徐々に登場します。手本の際に「しんなりってこうなること」「きつね色ってこういう色」と見せてあげることも大事です。ほかにも「さっと〜する（どれくらいがさっと？）」「程よい大きさに切る（程よいってどれくらいの大きさ？）」「煮立つ（煮るとはどう違う？）」「沸騰したら〜する（沸騰ってどういうこと？）」「ざるにあげる（ざるにプレゼントするの？）」「和える（あえる）（誰かに会うことができるの？）」等、国語力の課題でつまずくことがありますので、レシピ作りの際には気を付けるようにしています。

　3段階後半を過ぎると、学校独自のレシピを卒業して市販の料理本やネットレシピに移行し、さらには自分で考えて調理をする課題に進んでいきます。その頃にはこうした料理用語も少しは馴染んで、自分で意味を考えて進められるようになっています。

④数字の壁

　調味料計量はおいしくなるための重要なポイントです。しかし知的障害のある人がレシピを活用して料理をするとき、時間や調理量計量などの数字がいくつも登場することが壁として存在します。

　計量をどうやって学ぶか。特に1/2などの分数になると理解が難しく、計量をいい加減にしたり、分数の計量が出てくるレシピは取り組まなかったりすると、その後「数字の壁」ができてしまいます。毎回安定したおいしさに仕上げるためにも、調味料の計量は避けては通れない重要なところです。ここではどのように計量に取り組んでいるかご紹介します。

● **計量のポイント**

　調味料計量の場面では、確実に丁寧に図ることを繰

り返し指導しています。計量スプーン大さじ1では、ゆっくり慎重に調味料を入れます。合言葉は「ぎりぎりまで我慢してはかる」です。計量カップは「必ず平らなところにおいて、近くで見る」。これを徹底して指導しています。

　中学部レシピでは、基本計量は「大さじ1」「小さじ1」しか出てこないものにしています。けれども計量カップの計量はもう少しいろいろ出てきます。計量スプーンで「大さじ1」「小さじ1」をきっちりはかることができるようになることで、自信もスキルもつけて、高等部のステップに続いてほしいと考えています。

●さらに進んだ計量　1／2や2／3

大さじ2分の1　　　　大さじ3分の2

　調味料の計量が「大さじ1」などのように分かりやすい計量ばかりだといいのですが、レシピがレベルアップすると「1／2」や「2／3」といった数字も出てきます。本校中学部高等部で分数が理解できる生徒はわずかです。ここで時間をとって分数について学んでからスタートしていると情報量が多すぎて、調理自体が前に進みづらくなります。なので、本校家庭科ででは<u>「1／2がでてきたら（意味、読み方、作り方）」とポイントを絞って教えています。</u>（1／2については詳しくはカレーうどんのところ（P95）、2／3については親子丼のところ（P97）で説明します。）

●計量カップ

　計量カップは、必ず中の目盛りを全員で見るようにします。たとえば「今回は180mlの水を入れる」を教える際は、計量カップのどこまで入れるのか、手本を見せる時に計量カップを生徒全員に回して、1人ひとりにカップ内部の180のラインを指さしてもらうようにしています。代表の生徒に水をはかって入れてもらうこともあります。勿論水平なところにおいて、しっかり目視はかかせません。全員または代表の生徒に、その量でいいか確認を取ってもらっています。

第4章

食学習レシピ

入門 0段階　1　はじめてみよう　自分のランチづくり

　入門（0段階）では、食事作りの入り口として「自分のランチ」を一人で作れるようになることを目指します。この段階では、お湯を注いだら最短3分で完成するカップラーメン、レンジを使ってレトルト食品をあたためて作るハンバーグカレー、野菜を切って盛り付けるサラダを紹介します。まずは、電気ポット（以下ポット）でお湯を沸かすことや、電子レンジ（以下レンジ）でレトルトの食材をパッケージの説明の通りにをあたためること、野菜を切り、お皿に盛り付けるといった基本的なことを学びます。

（1）ポットでお湯を沸かそう・カップラーメンを作ろう

　これまで料理をしたことがないけどやってみたい！というみなさんへのおすすめはカップラーメンです。普通の料理を家の人の手伝いで作るのもいいですが、それは「お手伝い」。「自分でやり切った」「自分で作れた」と言える達成感を味わうためには、はじめから終わりまで自分一人でできることを経験しましょう。それにはカップラーメンがおすすめのメニューです。簡単にできますし、失敗もまずありません。なによりおいしい！自分で好みのものを選ん  で、自分のタイミングで作ることができます。火や包丁の扱いがまだ怖い人にとっても、最適な教材です。

　カップラーメンなんて当たり前にできるものでしょう、と言われる方がいると思いますが、これまで出会った生徒の中でカップラーメンを作ったことがない生徒は実にたくさんいました。毎日の食事のたびに全て家の人がしていて、まったく料理に関することに参加したことのない生徒さんが何人もいます。カップラーメンを作ったことがない人とは毎年何人も出会いますし、中にはこれまでにカップラーメンを食べたことのない生徒さんもいました。

　ご承知の通りカップラーメンはお湯を注ぐだけ、ですが、お湯を沸かすところか

らやってみましょう。家庭科の授業ではポットを使用しています。多くの家庭にあるポット、いつも自動的にお湯が沸いていると生徒のみなさんは思っているのではないでしょうか？

　ポットにはまずふたを開けて水を入れる作業が必要です。どこまで水を入れるか。それにはポットをよーく見る必要があります。水を入れたらふたを閉め、プラグにつなぐ。そしてお湯が沸くのを待つ。これだけのことですがいつもだれかがしてくれているのです。

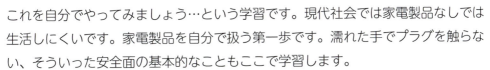

これを自分でやってみましょう…という学習です。現代社会では家電製品なしでは生活しにくいです。家電製品を自分で扱う第一歩です。濡れた手でプラグを触らない、そういった安全面の基本的なこともここで学習します。

　お湯が沸くまでの間は、自分の好きなカップラーメンを買いに行きます。カップラーメンもかやくやスープが初めから入っているタイプや、どちらもお湯を注ぐ前に自分であけるタイプ、かやくは先で、あとからスープを入れるタイプなど様々です。カップラーメンの仲間、カップ焼きそばはいったんお湯を入れてすてる「湯切り」という作業もありますね。それらはカップラーメンの入っている容器をよく見て、調理方法を確認します。文字が難しい人は1回目は家の人や先生に教えてもらってやってみてください。

　お湯が沸いたら、カップラーメンのふたを開け、お湯を注ぎます。はじめにポットの「ロック解除」、そして「給湯」を押します。このとき、利き手でないほうの手は、カップラーメンの容器を持たないほうが安全です。お湯がはねたとき「熱い」と驚いて手を放してしまう可能性があるからです。カップラーメンの器の内側の線のところまでお湯を入れます。そして「何分」か待ちます。待ち時間もカップラーメンの器に「3分」「5分」など書いてありますから前もって確認しておきましょう。待ち時間はタイマーを設定します。

　タイマーが鳴ったらできあがり。熱々のラーメン。よくまぜて食べて下さいね。誰の手も借りないで一人で初めから終わりまでできると、一層おいしく感じられるのではないでしょうか。

（2）インスタントカレー・レンジ対応食品に挑戦

　カップラーメンの次は、インスタントカレーやレンジ対応食品にチャレンジです。
　こちらは何W（ワット）のレンジで何分あたためるか、袋をよく見ることが必要です。火や包丁は使いませんが、レンジで加熱したら食べ物が熱くて取り出すときびっくりするかもしれません。「鍋つかみ」などを前もって用意するといいと思います。インスタントカレーもレンジ対応食品もたくさんの種類がありますから、いろいろやってぜひお気に入りを見つけてください。

　レシピで紹介するのはレトルトカレーをお湯であたためる方法です。レトルトのハンバーグと一緒にあたためると豪華なハンバーグカレーのできあがりです。

（3）サラダを作ろう

　カップラーメンやインスタントカレーに添える副菜として、サラダも自分で作れると栄養バランスがぐっとよくなります。野菜サラダのレシピでは、キュウリを包丁で切っていますが、包丁がまだ不安であれば、冷凍のブロッコリーを水で解凍して使うのもいいですね。それ以外でもハムやツナ缶、豆腐、カニカマなどをのせてオリジナルのサラダをぜひ作ってみてください。盛り付けやドレッシングの種類もいろいろ変えてみて楽しんでみてください。これから上の段階に進んでも副菜で野菜サラダをよくこしらえます。ぜひ自分のものにしてください。

レシピ集

- ①ポットでお湯を沸かそう！カップラーメンを作ろう！　⇒ P.45
- ②レンジクッキングにチャレンジ！　⇒ P.47
- ③炊飯　⇒ P.49
- ④ハンバーグカレー　⇒ P.51
- ⑤サラダ　⇒ P.52

ポットでお湯を沸かそう！
カップラーメンを作ろう！

今日の勉強は…

1　カップラーメンのお湯の準備

2　ラーメンを買いに行こう

3　何を買ったか、ふりかえり

4　お湯をいれる練習

---

1 カップラーメンのお湯の準備

1
ポットをあけて中のせんまで、水をいれる。

2
プラグをつなぐ。コンセントにさす。

3
あとはまつ。

4
こうなったら、お湯がわいているしょうこです。

5
ちゃわんをおいて、手をはなす。

6
「ロック解除」をおす。「給湯」をおす。

45

給湯を
おしている間
お湯が出ます

カップスープは…

タイマーを
1分にセット
します。

カップラーメンは…

タイマーを
3分にセット
します。

食べ終わったら、あらいましょう。
先生まで、ほうこくしてください。

レンジクッキングにチャレンジ！

わっと
W

５００Wか６００Wかえらべます。

ふくろのうらにWとあたためるじかんがかいてあります。

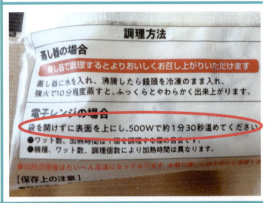

はこのうらにWとあたためるじかんがかいてあります。

やりかた

600wようのレンジです。

1

かかれてあるとおりにして、レンジに入れる。

2

６００Wをかくにんして、レンジをおす。

3

〇分〇秒をおす。はこにかかれてあった時間を再かくにん。

4

あたためスタート

5

なったらとりだしてたべる。

とりだすときはあついので、これをつかってもいいです。

なべつかみ

すいはん

- 炊飯器(すいはんき)
- お米(こめ)
- 水(みず)

1 材料(ざいりょう)をそろえる。

2 おこめを やまもり すくう。

3 はしを カップのくちにあて、**すりきりに する** （1合(ごう)）いちごう。

4 かまに こめを うつす。

5 こめが ひたるぐらい みずを いれ、すぐに すてる。

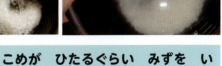

6 こめが ひたるぐらい みずを いれ、30かい まぜる。

7 みずを すてて、めもりまで みずを いれる。

8 そこを ふきんで ふく。

49

コンセントを
かくにんする

9 すいはんきに セットし、スイッチを おす。

10 たきあがったら、5ふん おいて、しゃもじで まぜる。

ハンバーグカレー

● レトルトカレー
● ハンバーグ　● ごはん

1　材料をそろえる。

2　ごはんをお皿に盛る。

3　鍋に半分くらい水をいれる。火をつける。

4　なべのなかの水がぶくぶくいったら、ハンバーグとカレーをいれる。

5　タイマー5分。鳴ったら火を止める。

6　ざるにあげる。

7　ごはんにハンバーグをのせ、カレーをかける。

8　できあがり。

サラダ

- レタス …………… 1まい
- きゅうり ……… 親指1本ぶんの長さ
- ミニトマト …………… 2こ
- コーン …………… 大さじ1
- ドレッシング …… てきりょう
すきなドレッシングをかける

1 材料・調味料をそろえる。

2 野菜を洗う。

3 レタスを手でちぎり、皿にならべる。

4 きゅうりを薄くきり、皿にならべる。

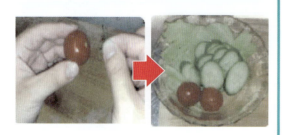

5 トマトのヘタをとり、皿にならべる。

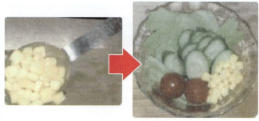

6 コーンを大さじ1とり、皿に盛り付ける。できあがり。

コラム

入門

◉ 買い物に行こう

　料理ができることも大切なスキルですが、合わせて買い物ができるスキルも欠かせません。この本を手に取ってくださっているみなさん、ぜひ金銭感覚を身に付けましょう。予算内で目的のものを買いましょう。100円あったらどんなものが買えて、150円だったらどんなものが買えるか。そのためにも、家族で買い物に行った時も、買い物のかごに欲しいものをいれるのではなくで、あらかじめ予算を決めておいて、その予算の中で自分の欲しいものを買う、その商品は自分でレジで支払いをする、そのことにぜひ取り組んでみてください。大人の方は子どもが自分で商品を選んだら、少々大人が気に入らないものでもぐっとこらえて。自分で選んで自分で買った、その経験が大事です。そして100円しかないのに110円のものを欲しがったので、10円渡してあげる。これはNGです。こうやっていくうちに足りなければATMがある、という考えになります。親は打ち出の小槌ではありません。10円あげたくなってもぐっとこらえてください。こういう経験で自ら考えるようになり、金銭感覚を身に付け、予算内でやりくりすることができるようになります。

◉ お米をとごう　〜お手伝いではなく「家での仕事」を〜

　家でお手伝いをしている人は多いと思いますが、普段どんなお手伝いをしていますか。私の学校の生徒の皆さんに、普段どんなお手伝いをしているかを聞いています。生徒のみなさんからは「自分の部屋の掃除をしている」という答えがとても多く聞かれます。自分の部屋の掃除というのは自分のためのことです。

　もう少し広げてみましょう。皆さんは家族のために何か自分のできることをやっていますか？皆さんはもう中学生や高校生です。単純に家の手伝いではなく、自分の家の仕事として家族のためにできることに取り組んでみませんか。それは家族の一員としての仕事ですのでもちろん責任が伴います。家の仕事として家庭科の先生からのおすすめは「お米をとぐこと」です。もし皆さんがお米を研ぐのを忘れてしまっていたら家族のみんなはどうなるでしょうか？食事の時にご飯がない、おかずだけになってしまいますね。ご飯は主食です。主食がないと大変。家族みんなのためにも毎日お米を研いで、家の仕事を果たしてもらいたいと考えます。お米とぎを

勧めるのは他にも理由があります。お米も水も丁寧に量らなければいけません。お米とぎをすることできちんとした仕事をすること、数字を見ることができるようになります。そして何よりも責任感を持つことができるようになります。

◉ 買ってきたおかずを食べる

　予算内で、赤黄緑の栄養バランスを考えて惣菜を購入することもよい学習になります。家にはごはんがあるから、赤と緑の栄養バランスをどうしようと考え、自分で考え買い物をするという学習を取り入れています。買ってきたおかずをそのまま食べてもよいですが、できたらお皿に移していただきましょう。きれいに盛り付ける練習です。またラップをかけてレンジであたためることもおすすめです。一人でラップが切れるか、きれいにかけられるか（最近はラップの代わりの便利グッズもありますね。そういったグッズの活用もおすすめです）。レンジのあたためボタンを自分で押すこともお忘れなく。惣菜の入っていたトレイを、そのままごみ箱に捨てている人が多くいます。さっと洗って捨てることを習慣づけましょう。ごみの分別も大切な学習です。

| 基礎 1段階 | 2 簡単な料理を覚えよう |

（1）うどん

　子どもたちはみんな麺類が大好き。まずは大好きな美味しいものを自分の手で作ることにより、成功体験を味わわせたい。「自分にもできた！またやりたい」と思えるように、確実においしくできあがるメニューをチョイスしました。ポイントは「安全に包丁を使う」「安全にコンロの火をつける・消す」です。ここをクリアすることで、調理への道がぐんと広がります。

ポイント

　使うのは市販のうどん麺に同じく市販のうどんスープ（できれば粉末でなく液体になっているもの）です。液体のうどんスープは鍋に入れてあたためたらよいだけですので、安全に火をつける・消す学習の第1歩として取り上げました。麺をゆがくとき、スープをあたためるときと、火をつける・消すことは2回練習の機会があります。よって繰り返し学習ができます。

　具はのせたらよいだけのお揚げのほか、ねぎ、すまき（高知県名物の練り物。すまきが手に入らない地域の方は、かまぼこやちくわで代用できます）です。ねぎとすまきは包丁で切りましょう。包丁の向き、持ち方を手本をよく見せて学習していきましょう。ネギは「小さく、小さく」と心でつぶやきながら大きさに気をつけて切っていきます。慣れてきたら、2～3本を重ねて切ることにもチャレンジしてみましょう。すまきはまっすぐ切っても斜めに切ってもOK。こちらも大きさに気を付けて手元をよく見て、切っていきます。すまきはきれいなピンク色で彩りになり、うどんがぐっと華やかになります。上手に包丁で切れたら、自分をほめてあげてください。

　うどんをざるにあげるときは、しっかり鍋を持って、気を付けて行いましょう。具を盛りつけるときも、レシピの写真をよく見てきれいに盛り付けましょう。初

めての火を使った調理、完成したらまわりの人に見てもらって下さいね。自分一人で完成させたうどん、おいしさもひとしおだと思います。

伸ばしたい力
- 自分でレシピをめくって進める力
- 安全に火をつけること、消すこと
- 安全に包丁で切ること

結果
　うどんをゆがいて市販の液体スープをあたためただけなので、だれが作っても同じ味になるのですが、初めて自分で具材を包丁で切り、火をつけて、完成させたメニューです。自分にもできた！という達成感もあり、とてもとてもおいしく感じられることでしょう。集団で調理をする学習でも達成感やおいしさは感じられると思いますが、一人で準備から完成まで取り組んだことで、自己肯定感も高まるのではないかと考えます。このメニューでは安全に火をつけられること・消すことができること、安全に包丁を扱えることの注意力や集中力、技術力が必要になります。それらの要素をクリアできたことも喜びにつながっています。

　これまでに、うどんの学習後早速レシピを持って帰って家庭で取り組んだ生徒のみなさんや保護者の方からは、喜びの声をたくさんいただきました。具は、レシピ通りにこだわることはなく、卵を入れたり昆布を入れたりと、バリエーションを広げていました。

（2）チキンライス

　家にあるご飯を使ってチキンライスを作ります。即席の素を使用したレシピです。しっかり混ざるとご飯が白から赤になるので、混ざったかどうか分かりやすいので、使用しています。こういった便利なものを覚えて活用できるようになるとレパートリーが広がります。

ポイント

　炊飯器からご飯をお皿によそうときは、お茶碗を置いて適量を入れ、さらにお皿に移し替えるなどして取りすぎないよう注意してください。

　鶏肉は初めてだと切りにくく感じられるかもしれませんが、気を付けて最後までしっかり切りましょう。

　油をひくときは大さじ1が基本のルールです。肉は色が変わるまで炒めます。これもルールです。この先ずっと使っていきますので覚えておきましょう。

　チキンライスの素を入れるとご飯に色と味がつきます。白いご飯が全部赤くなることを目指して、白いところが残らないように混ぜます。ご飯は、ぐるぐるまわして混ぜるのではなく、サクサクと上から切るように混ぜる。はじめは難しいかもしれませんが、だんだんコツがつかめてきます。全部がきれいに赤くなったらご飯のできあがりです。

　グリンピースは彩りを考えて配置します。盛り付けまできれいにできると尚おいしさがアップしますね。

伸ばしたい力

- 安全にコンロの火をつける・消す
- 気を付けて肉を切る。
- 油をひく。広げる。
- 肉は色が変わるまで炒める。
- まんべんなくまぜる。

結果

　この学習では鶏肉を切るのに苦戦する生徒もいましたが、自分の食べるものということで気合が入り、最後には全員きれいに切れていました。肉は色が変わるまで炒めるというルールもすぐ頭に入ったようです。ご飯が全部赤くなるまで混ぜるのは、「赤組が勝つかな〜」といいながら、「全員」が「赤組」になることを目標に色を付けました。

（3）牛丼＋炊飯

生徒のみなさんのテンションが一気に上がるメニューの牛丼。お肉の好きな生徒は多いと思います。これを自分で作れたらさらに自信になりますね。簡単に失敗なくできるように、調味料はすき焼きの素一本とシンプルにしました。便利に使える調味料として知っておくといいですね。はじめから調味料が混ざっているので必ずおいしく仕上がります。工程では計量カップの使い方を学びます。加えて調理の基本となる米研ぎ・炊飯を合わせて学びます。

ポイント

まずは炊飯から。お米を研いで炊飯器にセットできることは大切なスキルです。お米はすり切りで測ります。そして炊飯器のお釜に入れます。次に水を入れて、お米が流れてしまわないように水を捨てたのち、本校では「利き手に透明のボールをもつ」「その手で30回お米を洗う」と指導しています。そして目盛りを見て水を入れます。入れたら必ず平らなところにおいて目盛りまで水が入っているか確認します。そしてお釜の底を拭いてから炊飯器にセット。炊飯ボタンを押します。お米が炊けたら、数分間蒸らして、ふたを開け、お釜の底から混ぜることも忘れずに。

牛丼の具づくりでは計量カップの使い方が重要です。普通のコップと違って目盛りが書いてあることに注目。レシピではどれくらい入れると書いてある？　それは計量カップのどこまで？　それをよく確認してすき焼きの素を慎重に入れましょう。タイマーをセットしてレシピ通りの時間煮ます。

伸ばしたい力

- ●安全にコンロの火をつける・消す
- ●計量カップでのはかり方。(平らなところにおいてよく見る)
- ●米研ぎのスキル。炊飯の仕方。

結果

　人気メニューを簡単レシピにしたこともあり、これまで失敗した生徒は一人もいません。牛丼が大好きで、また簡単なこともあり、夏休みに毎日作った生徒もいました。お弁当に応用もできます。

　そしてぜひ覚えてほしいのが米研ぎ。前述しましたが家の手伝いというと自分の部屋の掃除をしているという人が多いのですが、自分のことを超えて、中学生になれば家族の一員として家族のためにする「家での仕事」「家での自分の役割」を果たしてほしいと思います。その中にぜひ加えてほしいのが「米研ぎ」です。実際に米研ぎがこの授業後日課になった生徒もいます。台所に立つ習慣もできます。またこの仕事は家族みんなの主食がかかっていますから責任重大です。それだけにみんながおいしいと言ってくれる喜びは、大きな自信につながることでしょう（コラムP54参照）。

（4）照り焼きチキン丼

　成功体験を積んで調理に前向きになってきた生徒の皆さんに。このメニューも失敗が少なく、みんなが大好きで食べたいメニュー上位にあがる照り焼きチキンを丼にしたものです。肉・ご飯、野菜がワンプレートに盛り付けられていて、栄養バランスについて学習することができます。そして、調理の火や包丁の使い方に少し慣れてきた生徒のみなさんが、調味料の量り方に慣れることもねらいとしてます。使う調味料はすべて「大さじ1」としていることも分かりやすく、覚えやすいと思います。調味料計量ができると、ますますいろいろな調理にチャレンジすることができるようになりますね。

ポイント

　まずは炊飯。お米を研いで炊飯器にセットしたら、その間に照り焼きチキンづくりです。お肉を切るときは、しっかり押さえて。少々切りにくくても頑張ってみましょう。一口大という大きさも（食べるときに一口で口に入りそうな大きさです）も覚えておくといいですね。大きさがわからない人には、切ったお肉を一切れ見本として作り、まな板の端に置いておきます。ほどよい大きさにお肉が切れたらビニールに片栗粉を入れ、その中にお肉を入れて袋の上から混ぜます。

　次に、合わせ調味料を作ります。使うのは砂糖、しょうゆ、みりん、酒。いずれも大さじ１です。砂糖は容器に計量スプーンを入れ、まず山盛りすくいます。そして計量スプーンを持っている利き手と反対の手で入れ物をしっかり押さえて、計量スプーンを容器の内側の平らな面に押し当てます。本校では「かべどん」と呼んでいます。計量スプーンの表面が砂糖で真っ平になっていたら「かべどん」大成功です。これで砂糖の大さじ１です。（「かべどん」しやすいように、砂糖は容器の半分程度の量にしておくと便利です。）しょうゆ、みりん、酒も大さじ１はかります。液体は、計量スプーン一杯になるまで「ぎりぎりまで我慢してはかる」ようにしてください。はかりおわった調味料は合わせ調味料の容器に入れ、まぜておきます。

砂糖は「かべどん」で

砂糖大さじ１

　いよいよ炒めます。火をつけ、油をフライパンへ。油は大さじ１、「ぎりぎりまで我慢してはかる」がここでもポイントです。フライパンに肉を入れたら、レシピのタイマーの時間通り焼いていき、合わせ調味料を入れます。入れる直前にもう一度よくかきまぜておくといいですね。たれを好みの色になるまで絡めます。

　ご飯をよそい、洗ったレタスを手でちぎってのせます。海苔、マヨネーズの上に照り焼きチキンをのせ、トマトを飾り付けます。この時に「きれいに」「彩りよく」盛り付けると見た目のおいしさがぐっとアップしますよ。

伸ばしたい力

● 安全にコンロの火をつける・消す。
● 安全に気を付けて包丁で切る。（手の使い方・目線・包丁の向き）
● 計量スプーンを使って正しく調味料をはかる。
● 炒めるのは肉から。色が変わったら、調味料を投入してからめる。
● ゆで卵の作り方。（オプションとして、時間に余裕があれば行う）

結果

何よりも生徒が大好きなのが「かべどん」という言葉。すり切りではかるという指導より、言葉の面白さからか一発ではかり方を自分のものにする生徒がほとんどです。実はこのワード、生徒自身が考えてくれたもの。その後のどのクラスの後輩にも使われています。そして「ぎりぎりまで我慢してはかる」ことも、どの生徒もだんだん上手になっていきます。食べたとき美味しいと思うのは、正しく調味料がはかれているということでもあります。調味料計量は料理を左右する大事な大事なポイント、ここをしっかり自分のものにしましょう。

このレシピは調味料の分量をすべて大さじ1に統一してあって分かりやすく、また人気メニューでもあり、多くの生徒が家庭でも実践しています。また分量を覚えてお弁当のおかずに作る生徒も何人もいました。家族に作るものおすすめです。分量を増やして量るのもやりやすいレシピだと思います。そしてカラフルな盛り付け。きれいにできるとテンションが上がるとの声もいただきました。

レシピ集

◎ ①うどん	⇒ P.63
◎ ②カレーピラフ	⇒ P.64
◎ ③ウインナーとキャベツの炒め物	⇒ P.65
◎ ④チキンライス	⇒ P.66
◎ ⑤まぜるだけパスタ	⇒ P.67
◎ ⑥牛丼	⇒ P.68
◎ ⑦照り焼きチキン丼	⇒ P.69
◎ ⑧肉じゃが	⇒ P.70

うどん

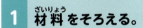

- うどんのめん
- うどんのスープ
- すまき ● ねぎ
- あげ

1 材料をそろえる。

2 ねぎを小さく切る。すまきをななめに切る。

3 鍋に半分ほど水をいれて、ぶくぶくいったら、めんをいれる。

4 タイマー1分、煮る。鳴ったらうどんをざるにいれる。

5 鍋にうどんのスープをいれてタイマー2分、煮る。

6 めんをうつわにいれる。スープもいれる。

7 ねぎ、すまき、あげをのせる。

8 できあがり。

63

カレーピラフ

- ●ごはん……… おちゃわん2はいぶんくらい
- ●カレールウ（あまくち）………………… 2かけ
- ●ひきにく ………… 40グラムていど
- ●ミックスベジタブル ………………… 半カップ
- ●バター ……大さじ1ていど
- ●しお ……… ひとつまみ
- ●しょうゆ ……… すこし

1 材料をそろえる。

2 ごはんをおさらによそう。

3 カレールウを小さく刻む（切ったら半分に分けておく）。

4 バターをフライパンにいれて、ひき肉を炒める。塩こしょうをふる。

5 ミックスベジタブルをいれる。カレールウを半分いれる。まぜる。

6 ごはんをいれる。残りのカレールウをいれる。切るようにまぜる。

7 全体が混ざったら、塩をひとつまみとしょうゆを少したらして、もう一度まぜる。

8 おさらに盛りつけたら、できあがり

ウインナーと
キャベツの炒め物

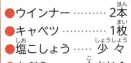

- ウインナー ……… 2本
- キャベツ ………… 1枚
- 塩こしょう …… 少々
- あぶら ……… 小さじ1

1 材料をそろえる。

2 キャベツを洗って切る。

3 ウインナーを切る。

4 あぶらの準備をしてフライパンに火をつける。

5 キャベツをウインナーをいれて、1分いためる。

6 塩こしょうをぱっとふる。

7 まぜたら、火をとめる。

8 お皿に盛りつけたら、できあがり。

65

チキンライス

- ごはん……おちゃわん2はいぶんくらい
- たまねぎ………すこし
- とりにく……50グラム
- グリンピース……すこし
- あぶら………大さじ1
- チキンライスのもと………1ふくろ

1 材料をそろえる。

2 ごはんをおさらによそう。

3 たまねぎをちいさくきる（みじんぎり）。とりにくをきる。

4 フライパンに火をつけ、油を大さじ1いれる。

5 とりにくを1分いためる。たまねぎをいれ1分いためる。ごはんを入れ1分いためる。

6 チキンライスのもとをいれる。全部赤く（オレンジ）になるまでまぜる。まぜたら、火をとめる。

7 おさらにいれる。グリンピースをかざる。

8 できあがり。

まぜるだけ パスタ

- パスタ …… 1たば
- まぜるだけパスタソース … 1ふくろ
- きざみのり・すこし
- しお ……… すこし

1 材料をそろえる。

2 フライパンに計量カップ5杯の水をいれる。火をつける。

3 ぶくぶくいったら、塩をふる。

4 パスタを入れてタイマー3分、煮る。

5 タイマーが鳴ったら、火を消して、パスタをざるにいれる。

6 お湯を切る。ざるを上下にふってパスタをうつわにいれる。

7 パスタソースをかけてよく混ぜる。

8 きざみのりをのせたら、できあがり。

牛丼(ぎゅうどん)

- 牛肉(ぎゅうにく) …………… 100グラム
- たまねぎ … 1このはんぶん
- ごはん ……… おちゃわん1ぱい
- すきやきのたれ …… 80㎖
- べにしょうが

1 材料(ざいりょう)をそろえる。

2 たまねぎをうすくきる。

100のせんのすこししたまで

3 すきやきのたれを80㎖(ミリリットル)、はかってなべにいれる。

50のせんのすこししたまで

4 水(みず)を40㎖(ミリリットル)、はかってなべにいれる。

5 火(ひ)をつけてたまねぎを1分(ふん)煮(に)る。

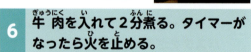

6 牛肉(ぎゅうにく)を入(い)れて2分(ふん)煮(に)る。タイマーがなったら火(ひ)を止(と)める。

7 ごはん、具(ぐ)、べにしょうがをもる。

8 できあがり。

照り焼きチキン丼

- ●ごはん
 ……… おちゃわん1杯分
- ●レタス …… 2〜3枚
- ●とりにく
 ……… 60グラムほど
- ●マヨネーズ
- ●のり ●あぶら ●トマト

1 さとう 大さじ1
2 さけ 大さじ1
3 みりん 大さじ1
4 しょうゆ 大さじ1

1 材料をそろえる。

2 合わせ調味料を作る。

3 とりにくを切ってビニールぶくろにいれる。かたくりこ大さじ1をビニールぶくろにいれてとりにくとあえる。

4 油の準備をしてフライパンに火をつける。

5 とりにくをいれて、1分やく。ひっくり返して、ふたをして1分やく。

6 調味料を入れてまぜたら、火をとめる。肉はそのままおいておく。

7 ごはんをよそって、レタス、マヨネーズ、のり、とりにく、トマトをのせる。

8 お皿に盛りつけたら、できあがり。

肉じゃが

- 牛肉 …… 100グラム
- たまねぎ … 1このはんぶん
- にんじん … 1本のはんぶん
- じゃがいも …… 2個
- グリンピース … すこし

1 材料をそろえる。

2 材料をきる。じゃがいもはボウルにいれて、水につける。

3 肉を切って、フライパンに油をひき、玉ねぎ・じゃがいも・にんじんを1分ずついためる。

4 肉をいれていため、肉の色が変わったら水を200（カップ一杯）いれる。

5 あく（白っぽいかたまり）をとる。

6 調味料（みりん大さじ2・しょうゆ大さじ2）を作っていれる。

7 アルミホイルでふたをして8分煮る。

8 お皿に盛りつけて、グリンピースをのせたらできあがり。

コラム

基 礎

● はじめて作ったうどん

　中学１年生、最初の食学習で取り上げた教材「うどん」。初めて火や包丁を使い、ドキドキでこしらえたうどんの出来は？　男子生徒Ｋ君が一口食べて言いました「俺って、超天才や！世界一まじうまい！！」。ただ麺をゆがいて市販のスープを入れただけのものですが、生徒曰く「人生の中で食べたもののうち一番うまかった」そうです。自分で作る、その経験がおいしさを際立たせる調味料になるのですね！これまでまったく料理に縁のなかったＫ君ですが、このあとの中高６年間めきめきと腕を上げ、レシピなしで何でも作る、アレンジ上手な大人へと成長しました。

● 苦手なものが多い生徒が

　苦手なものが多く言葉の少ない自閉症の生徒Ｔ君（高１）がいました。家庭科では１クラス８人の好み、調理スキルの段階を考慮して毎回授業で扱うメニューを決めているのですが、毎回必ず全員の好きなものを作れるとは限りません。８人生徒がいたら、８通りの好き嫌いがあります。ある授業の回でその自閉症の生徒が苦手なメニューが一品加わりました。作ったもののそれを食べられない、その上それを伝えることもできないのではと心配していました。しかし、意外なことにお母さんがこう言われました。「Ｔは家庭科で料理を習うようになって、家で宿題もするようになってあの子が変わってきました。なんでも食べるのです。どうしてだろうと考えてみて、分かりました。自分で料理をするから、中に何が入っているか分かるので安心するのだと思います」。これを聞いて私もはっと気づきました。自分で納得することの大切さ。この生徒はその後も家庭科でどんなメニューになってもきちんと作り、毎回きれいに完食していました。大人の方が、苦手なものが多いと決めつけて、生徒から機会を奪っていたのかもしれないと考えたことでした。

● 大好きな牛丼

　こだわりの強いＨ君。中学部で牛丼を教わるとそれ以来料理に目覚め、家でも取り組むようになりました。しかし作るのは毎回牛丼。しかも毎日牛丼。そして毎回一人分のみ。すっかり上手になったのですから「お母さんにも作ってよ」「一口

でいいから分けてよ」などと家の人から猛アピールされます。しかしそれにもめげず自分の分のお気に入り牛丼を作り続けました。高校生になって牛丼ブームが下火になった時期もあったようですが、どんな料理に「浮気」しても、そのうちやっぱりいつもの牛丼に帰ってくるそうです。

先週社会人になって2年目のH君を尋ねてH君の勤める作業所にお邪魔しました。H君は生活介護事業所で、しし唐詰めやアルミ缶リサイクル作業を頑張っています。普段は給食が出るのですが、月に数日お弁当持参の日があるそうです。作業の先生がおっしゃるには「毎回すごく上手な牛丼弁当を持ってきています。自分で作っているんですよ」とのこと。今でも牛丼を愛しているのですね、H君。そんなに好きなものに出会えて家庭科を教えて良かったと思いました。

◉ お母さんが寝込んだ時に

本校のPTA機関紙「はばたき」。児童生徒の保護者や教職員が日頃の何気ない思いや子育ての話を寄稿する冊子です。ここに中学部2年生のSさんのお母さんの投稿がありました。その内容は、ある時Sさんのお母さんが熱を出して寝込んだ日のこと。ずっと寝ていて起きたら台所からいい香りが。なんとSさんが、学校で習ったばかりの照り焼きチキン丼を寝ているお母さんのために作っていたそうです。その時の嬉しさをSさんのお母さんがつづっていました。「どんな薬よりもよく効く薬です」。お味はちょっと甘めだったそうですが、Sさんの真心のこもった照り焼きチキン丼、お母さんの元気回復の源になったことでしょう。

◉ 後片付けも

家で料理をしても「作って食べたら終わり」で、片付けは子ども自身ではなく家の人が行うケースがよくあります。料理を作るのはイベントではありません。毎日のことです。食器洗い、シンクやガス台の手入れ、生ごみ・その他のごみの始末、台拭き、あまったご飯を冷凍し、炊飯器のお釜をきれいにするなど、食後もやるべきことはたくさんあります。家庭科の授業で自分の食事を作り、試食をした後は、それぞれ係の仕事があり、生徒はそれに取り掛かります。自分のキッチン台をきれいにした後、消毒作業をし、それが終わると全体の仕事です。「生ごみ係（全員分の生ごみを集めて生ごみポストに捨てる）」「ごみ捨て係（燃えるゴミ・燃えないゴミを分けて捨てる）」「ご飯係（余ったごはんをラップにくるんで冷凍し、炊飯器の

おかまを洗う）」「お茶係（お茶をみんなに入れた後、急須を洗い、ポットを空にする）」「洗濯係（全員分の台拭きや食器拭きのふきんを回収し洗濯機に入れる）」「レシピ回収係」「調味料回収係」などがあります。こうした後片付けまでを勉強することも大事です。家庭で調理をするときも作りっぱなし・食べっぱなしではなく、最後の片付けまでできるように取り組んでみてください。

◉ レシピは教員へのメッセンジャー

　支援度の高い生徒用に作っている「めくりレシピ」。100円均一ショップのはがきフォルダにはさんで1ページごとめくりながら調理を進めていきます。家庭科の授業はたいていは、担当教員が一人で指導しています。支援度の高い生徒には1名の補助教員がつくこともあります。授業では前半にお手本が終わると、生徒8人は自分のキッチン台に向かい一斉に背を向けて火や包丁を使い調理を始めます。教員は一人の生徒ばかりをじっくり見ている余裕はありません。そんな中、生徒はレシピだけが頼りです。レシピを見てその通りに作ります。支援度の高い生徒もレシピをめくりながらその通りに一人で進めるのですが、生徒が一人でちゃんと完成させられたら、そのレシピの出来はよかったということになります。逆に生徒が困っていたり、動きが止まっていたりすると、レシピが分かりづらく不出来ということです。授業前にレシピを作りながら、「あの子はこれで分かるだろうか」「この写真で理解できるか」といつも自分に問いかけています。生徒が一人でうまく完成させられたときは生徒を褒めますが、レシピにもほっと安心。うまくいかなかった場合は、生徒がこのままのレシピでは分からないことを、レシピ自体が教えてくれます。生徒にとって分かりやすい方法を探る。家庭科担当教員の教材研究です。レシピ作りは生徒のことを教えてくれるメッセンジャーの役割を果たしてくれています。

| 活用 2段階 | 3　レパートリーを広げよう |

（1）ラーメン

休みの日のお昼に食べたいメニューと言ったらラーメン。みんなが大好きなメニューですよね。これはやっぱり一人で作れるようになりたいメニューです。家庭でのリピート率も高いので取り入れました。お気に入りの袋麺を使って作りましょう。授業で用意したレシピもありますが、麺の袋の裏に書いてあるレシピを見ることも大切です。何度か作るうちに具のバリエーションも増やしていき、「赤・黄・緑」の3栄養素を意識して食事がとれるように取り組んでいきましょう。

ポイント

初回は、生徒が何味のラーメンを食べたいか事前に確認して麺を用意しておくとよいでしょう。さらに、可能であれば一緒にスーパーに出向いてお気に入りの袋麺を購入するとよいでしょう。

袋には「水をどれくらい入れる」「◎分ゆでる」といったレシピがついていますので必ずそれを見ます。同じメーカーでも味によって麺のゆで時間が異なりますので、授業で行うときは「Aさんのしょうゆ味は3分」「B君のみそ味は2分だね」と互いに袋の裏のレシピを見て確認しています。タイマーでセットする時間は各自違うので、よく確認して取り組んでいきましょう。

また使用する水は500mlが最もポピュラーですので、計量カップで鍋に水を入れる際には「いっぱい、いっぱい、半分」と言いながら入れます。余裕があれば計量カップに一杯の水は200mlなので、500mlになる計算を教えてもいいと思います。「いっぱい、いっぱい、半分」は2～3回練習しておくと生徒にもわかりやすいと思います。スープはあとで入れるもの、先に器に入れておくもの等様々ですので、そこもぬかりなく袋の裏のレシピで確認しましょう。

2回目以降は、生徒に自分で具を考えてもらい、それを取り入れて作る学習を重

ねると達成感が増すと思います。

伸ばしたい力

- ●赤・黄・緑の栄養が入っていることが分かる。
- ●計量カップ一杯が 200ml であることが分かる。
- ●袋の裏にレシピがあることが分かり、水の量やゆで時間が分かる。
- ●沸騰の状態が分かる。

結果

　これまで多くの生徒が意欲的に取り組み、生徒、保護者ともに高評価のメニューです。家庭での般化率も高く、これを機に家庭の台所に立つようになった生徒も複数います。長期休暇の宿題でも最も多く取り組まれています。支援度の高い生徒も「いっぱい、いっぱい、半分」のフレーズを覚えて、あとはゆで時間の数字を確認することで、家庭でも一人で作れるようになったケースもありました。

（2）スパゲティナポリタン

　麺をゆでること、ゆで時間を見ることはラーメンからの応用です。パスタ（スパゲティ）麺も種類によってゆで時間が異なるのでしっかり袋の説明を見ましょう。このレシピでは 3 分ゆでるタイプの麺を使用しています。麺をゆでた後同じフライパンで具を炒め、麺を絡めるという工程があることから、フライパンを使う練習ができます。

ポイント

　麺をゆでている間にケチャップを容器に入れておく、具を切っておくなど時間の使い方も、あわせてできるようになるといいですね。
　一度麺をゆでてざるに上げたのち、再びフライパンを使います。そういった使い方にも徐々に慣れていきましょう。

伸ばしたい力

- ゆで時間を袋を見て確認し、その通りできる。
- スパゲティ麺のゆでかたが分かる。
- 野菜の切り方、炒め方が分かる。
- レシピを読み解く（全体の流れを把握して進めることができる）。

結果

　スパゲティも人気の高い料理です。P.67「まぜるだけパスタ」でも取り上げましたが、麺のゆでかたをマスターしたら、市販のスパゲティソースを温めてからめる等、いろいろと味を楽しむことができます。これを作った生徒からは、「パスタ系って難しいと思ったけど意外と簡単だった」「ナポリタンってお店で食べるものってイメージだったけど自分にもできた」と嬉しい感想が聞かれています。週末のランチへの般化率も高いメニューです。

（3）中華飯

　使用する調味料が増えて複雑になってきました。ここでは、複雑でも落ち着いてレシピ通り進める力をつけていきましょう。同じレシピを焼きそば麺にのせたら「あんかけやきそば」、かたやきそばにのせたら「皿うどん」、皿にそのまま入れることで「八宝菜」とレパートリーの拡大が狙えます。このレシピでも野菜の切り方、炒め方を学習していきましょう。

ポイント

　ピーマンを切るコツは「数字の1だよ、漢字の一じゃないよ」と伝えます。生徒のみなさんには「たておく」「よこにおく」よりも伝わりやすいフレーズです。にんじんは「短冊切り」。玉ねぎは「薄く丁寧に切っていく」。白菜は「重ねてざく切り（大きさを示すようにしましょう）」。もやしは袋の1/4。おおよそ一掴み程度で、「UFOキャッチャーの手でガシッととってくる」と例えるとこれまでの生徒のみなさんはよく理解してくれました。

容器は二つ用意しておきます。一つ目の容器には合わせ調味料を作って入れる。どの調味料も丁寧に量りましょう。二つ目の容器には、水溶き片栗粉を作ります。水は平らなところにおいて正確にはかりましょう。片栗粉も砂糖と同じく「かべどん」で。片栗粉がかたまってしまっていることがあるので、フライパンに入れる直前にもう一度しっかり混ぜましょう。力を入れて混ぜるようにしてください。

　炒める順番、調味料、水、ふた、それらの工程を1つ1つレシピを見て確実に進めていきます。そして火を止めて水溶き片栗粉を入れます。片栗粉は混ぜなおしたのち、ぐるりと回しながらフライパンに入れます。さいばしで混ぜていくとだんだんとろみがついていきます。これぞ「かたくりマジック」！　そしてほどよくとろみがついて「あん」が完成したらごはんにかけて出来上がりです。「あん」の混ぜすぎにも気を付けてください。

　具材ではシーフードやきくらげ等具のバリエーションも増やしていきましょう。

伸ばしたい力
- ●野菜の切り方、炒める順番がわかる。
- ●レシピを読み解く（複雑であっても正しく進めていくことができる）

結果
　こういった具沢山の料理は「家の人がやるものだと思っていた」「難しそうなお母さんがやるやつでも自分でクリアできた」との声が生徒からは聞かれました。「『かたくりマジック』で難しそうなものでもできた感じがして嬉しい」とも。自分で自分の成長を感じることができている生徒が多いです。

　そして目的でも述べましたが、あんかけ焼きそば、皿うどん、八宝菜では、「前と同じレシピでだんだん自信になる」と。保護者からは「同じレシピの繰り返しで確認ができますね。レパートリーが広がるのもよく考えられている」との声をいただきました。

（4）お弁当2種
　自分の食事は自分で作る。将来の社会人生活に向けて、仕事だけでなく昼の食事も自分で用意することを意識づけ、取り組んでいます。本校では中学部3年生か

ら現場実習（職場実習）があります。プレ社会人として、実習期間（3週間）から自分のことは自分でするというモットーの中、自分で自分のお弁当を作って持っていくために、家庭科ではお弁当のおかずのバリエーションを増やしていきたいと考えています。この学習を通して、生徒が「仕事も食事も全部自分でやる、誰かにしてもらうことから抜け出して、自分の生活を自分自身でプロデュースしていく」という自覚をもつようにしていきます。

ポイント

　お弁当の基本の5色は「赤・黄・緑・白・茶色」です。見た目にこの5色がそろっていると、これまで学習してきた「赤・黄・緑」の3色栄養素がとれます。きれいに盛り付けることを意識してください。

　今回作るお弁当の「赤・黄・緑・白・茶色」の5色を確認してみましょう。このレシピ2つは主に中学部3年～高等部1年生を対象にしています。なので大さじ1や小さじ2のように調味料は簡単で分かりやすい分量にしています。また朝の限られた時間で作ることを考えて、主に調理するのは2品としています。

　そして冷凍食品や練り物、フルーツ等を活用しています。ここでは冷凍食品の中でも「自然解凍」の物を使っています。「自然解凍」の意味、使用方法も学習します。練り物やフルーツ等「つめたらいいだけ」のおかずのバリエーションもこれから増やしていきます。

　お弁当の2回目は「焼き鮭弁当」に取り組みます。グリルを使わなくてもフライパン一つでお弁当のおかずができるようにしました。鮭を焼いている間何をするのか。レシピの鮭をひっくり返した後半の時間「2分」に注目してください。この2分でできること…ちょうどちくわを煮る2分とかぶっていますね。手元のタ

イマーは一つなので、2分同時スタートで作りましょう。そうなると鮭の前半の5分でしておくことは、ちくわを切る等いろいろできることが浮かびますね。こうして、お手本の時にレシピを確認しながら、段取りを考えていきます。時間を有効に使う、「応用」（3段階）を前に、このことを考える習慣をつけていきましょう。

伸ばしたい力

- 小さいおかずを丁寧に作る
- 魚を焼くスキル
- 冷凍食品について知り、活用する
- 弁当箱に詰めるスキル。（大きなおかずから詰める。隙間活用法。ふたを閉めるタイミング等）
- 時間の有効活用（〜をしている間に〜をする。トースターや電子レンジの活用）
- お弁当に入れる食品は「5色」であること（視覚的に。これで栄養バランスの良いお弁当になる）

結果

　実際に現場実習中にお弁当作りに取り組んだ生徒はこれまでたくさんいます。これはやはりご家庭の協力なくてはなしえません。はじめから全部をやろうとしてもなかなか続きません。

　そこでこれまでご家庭と一緒にやってきたことは

- ・自分の水筒のお茶は自分で準備する
- ・おかずは家の人が作ってもご飯を詰めるのは生徒自身がする
- ・できるようになってきたら、おかずは1品でも自分で詰める（冷凍食品でもよいし、自分で作るのももちろんOK。卵焼きを毎日作り続ける生徒も多いです）

等からスタートしました。だんだん慣れてきて、前日に明日朝詰めるおかずを段取りしておくことができるようなり、お弁当のおかずの買い物も自分で行くことができるようになってきた生徒も何人もいました。

　これから何回かお弁当の学習をして「赤・黄・緑・白・茶色」のおかずのレパートリーをどんどん増やしていきましょう。

レシピ集

- ①ラーメン　　　　　　　　　　　⇒ P.82
- ②長崎ちゃんぽん　　　　　　　　⇒ P.83
- ③スパゲティナポリタン　　　　　⇒ P.84
- ④中華飯　　　　　　　　　　　　⇒ P.85
- ⑤あんかけやきそば　　　　　　　⇒ P.86
- ⑥豚の生姜焼き弁当　　　　　　　⇒ P.87
- ⑦焼き鮭弁当　　　　　　　　　　⇒ P.88
- ⑧冷やし中華　　　　　　　　　　⇒ P.89
- ⑨くまさんオムライス　　　　　　⇒ P.90
- ⑩ぶたにくとキャベツのオイスターソース炒め　⇒ P.91
- ⑪肉豆腐　　　　　　　　　　　　⇒ P.92
- ⑫スパゲティカルボナーラ　　　　⇒ P.93

ラーメン

- ●袋入りラーメン……1袋
- ●やきぶた……2〜3枚
- ●キャベツ……2〜3枚
- ●ねぎ……………すこし
- ●すまき…………半分
- ●しめじ…………すこし
- ●のり

1 材料をそろえる。

2 キャベツを洗って切る。しめじは洗わず「いしづき」を切りおとす。

3 鍋に水をいれて火をつける。塩を少しいれる。

4 キャベツとしめじをいれて1分煮る。タイマーがなったら、火を消してざるにいれる。

200　200　100

5 スープを鍋にいれる。水を500㎖入れる。(水は「いっぱい・いっぱい・はんぶん」)

6 火をつけ、沸騰したら、麺をいれて煮る。何分煮るか袋を確認！麺をほぐす。

7 タイマーが鳴ったら火を止め、麺を器にいれる。よくまぜる。すまきとねぎを切る。

8 のりなどの具を盛りつけたら、できあがり。

長崎ちゃんぽん

●ちゃんぽんめん … 1ふくろ	
●あぶら ……… 大さじ1	
●ぶたにく … 40グラム	
●キャベツ ……… 1枚	
●コーン ……… 大さじ1	
●にんじん ……… すこし	
●ピーマン … すこし(1/4)	
●たまねぎ … すこし(1/4)	
●すまき ……… はんぶん	
●もやし ……… ひとつかみ	
●シーフード ……… すこし	

1 材料をそろえる。

2 野菜を洗って切る。ボウル・ざるに分けていれる。

①いっぱい　②150

3 すまきを切る。350㎖ 水をはかって、なべにいれて、火にかける。

4 油の準備をしてフライパンに火をつける。肉を色が変わるまで炒める。

5 ①ボウルの野菜をいれて1分炒める。②ざるの野菜をいれて1分炒める。

6 すまきとシーフードをいれる。なべの火をとめ、お湯をいれる。

7 液体スープをいれてまぜる。ふっとうしたら、めんをいれる。ほぐしながら煮る。

8 好みでコーンをのせて、おわんに盛りつけたら、できあがり。

スパゲティナポリタン

- たまねぎ … すこし（1/4）
- ピーマン ………… 1個
- ハム ……………… 2枚
- ケチャップ …… 大さじ4
- しおこしょう …… すこし
- スパゲティ … 100グラム

1 材料をそろえる。

2 1リットル（計量カップ5杯）の水を沸騰させる。ぶくぶくいったら塩を少しいれてパスタをいれて、3分ゆでる。ざるにいれる。

3 玉ねぎ・ピーマン・ハムを薄切りにする。

4 調味料用の容器にケチャップを大さじ4いれる。

5 油をひいて火をつけ、ピーマン玉ねぎハムを中火で1分いためる。しおこしょうぱっぱ。

6 ケチャップをいれて、1分いためる。

7 スパゲティをいれてまぜる。ぜんぶがまざったら火をとめる。

8 お皿に盛りつけたら、できあがり（このみで、粉チーズをかける）。

中華飯

- ぶた肉（こま切れ）…50〜60グラム
- はくさい…1枚
- ピーマン…はんぶん(1/2)
- もやし…1つかみ
- かたくりこ…大さじ1
- サラダ油…大さじ1
- さとう…大さじ2
- しょうゆ…大さじ1
- 玉ねぎ…すこし(1/4)
- にんじん…すこし(1/4)
- うずらのたまご…2こ
- しおこしょう…すこし
- 酢…大さじ1
- 酒…大さじ1
- 中華だし…小さじ1

1 材料をそろえる。

2 やさいをあらい、たまねぎの皮をむく、ピーマンのへたを取る。

3 ピーマン、にんじん、たまねぎ、はくさいをきる。
（ボウルにいれる／ざるにいれる）

4 ちょうみりょうをつくる。
① さとう大さじ2、さけ大さじ1、す大さじ1、しょうゆ大さじ1、中華だし小さじ1
② かたくりこ 大さじ1、みず 50㎖

5 あぶら大さじ1、肉をいれ、色が変わるまで いためる（中火）。

6 ボウルのやさい(1分いためる)ざるのやさいをいれてしおこしょう3回ふり1分いためる。

7 みず100㎖、ちょうみりょうをいれまぜる。ふたをして3分。
（みず100㎖ → ちょうみりょうをいれまぜる ふたをして3分（弱火））

8 かたくりこをまわしいれ、まぜる⇒ごはんにかけ、うずらのたまごをのせたらできあがり。
火を止め、かたくりこをはしでかきまぜ、まわしいれる
まぜたら→火をつけあたためる。
ごはんをいれ、もりつける（うずらのたまご）

85

あんかけ焼きそば

- ぶた肉（こま切れ）… 50〜60グラム
- はくさい… 1枚
- 玉ねぎ… すこし(1/4)
- にんじん… すこし(1/4)
- うずらのたまご… 2こ
- しおこしょう… すこし
- 酢… 大さじ1
- 酒… 大さじ1
- 中華だし… 小さじ1
- 焼きそば
- ピーマン… はんぶん(1/2)
- もやし… 1つかみ
- かたくりこ… 大さじ1
- サラダ油… 大さじ1
- さとう… 大さじ2
- しょうゆ… 大さじ1

1 材料をそろえる。

2 やさいをあらい、たまねぎの皮をむく、ピーマンのへたを取る。

ボウルにいれる

ざるにいれる

3 ピーマン、にんじん、たまねぎ、はくさいをきる。

① さとう大さじ2、さけ大さじ1、す大さじ1
しょうゆ大さじ1、中華だし小さじ1

かたくりこ 大さじ1
みず 50ml
(50のせんまで)   ②

4 ちょうみりょうをつくる。

5 あぶら大さじ1、肉をいれ、色が変わるまで いためる（中火）。

しおこしょう3回ふる

6 ボウルのやさい(1分)ざるのやさいをいれてしおこしょう3回ふり、1分いためる。

みず 100ml

ちょうみりょうをいれまぜる
ふたをして3分（弱火）

7 みず 100ml、ちょうみりょうをいれまぜる。ふたをして3分。

火を止め、かたくりこを
はしでかきまぜ、まわしいれる
まぜる →火をつけあたためる。

やきそばめんをレンジであたため、もりつける（うずらのたまご）

8 かたくりこをまわしいれ、まぜる⇒めんにかけ、うずらのたまごをのせたらできあがり。

豚の生姜焼き弁当

- ぶたにく……70グラム
- ほうれんそう……3〜4本
- ミニトマト
- コーン入りすりみ
- 冷凍食品ひじき ● レタス
- ごまあえのもと
- さとう ● しょうゆ
- さけ ● みりん
- チューブしょうが ● 油
- ふりかけ ● ごはん

1 材料をそろえる。

2 ほうれん草を洗って、切る。鍋に半分くらい水ををいれてわかす。

3 沸騰したら、ほうれん草をいれて、2分にる。ざるにあげて水で洗い、しぼる。

4 ごまあえのもとを小さじ1いれてまぜる。銀カップに盛る。

さとう　　小さじ2
しょうゆ　小さじ2
みりん　　小さじ2
さけ　　　小さじ2

しょうが すこし

5 しょうがやきの合わせ調味料を作る。フライパンに油の準備をし、豚肉を炒める。

6 豚肉の色が変わったら、調味料を入れて、混ぜる。火をとめて銀カップに盛る。

7 レタスを敷き、しょうがやき、ほうれん草のおひたし、トマト、すりみ、冷凍食品などを詰める。

8 ごはんの盛り付けをしたら、できあがり。

87

焼き鮭弁当

- さけ ……………… ひときれ
- ちくわ ……………… 1本
- ミックスベジタブル
  ……………… 大さじ2ていど
- バター　●しょうゆ
- さとう　●さけ
- かんづめのパイナップル
- 冷凍ブロッコリー　●レタス
- ごはん　●ふりかけ

1 材料をそろえる。

2 クッキングシートをフライパンにしいて、鮭をおいて弱火で5分焼く。ひっくり返して弱火のまま2分焼く。

3 ちくわを切る。鍋に半分ほど水をいれて、ちくわを2分煮る。ざるにあげる。

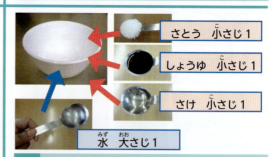

さとう　小さじ1
しょうゆ　小さじ1
さけ　小さじ1
水　大さじ1

4 合わせ調味料を作る。

5 なべに調味料とちくわをいれ、汁がなくなるまで煮る。銀カップに盛る。

6 フライパンにバターを少し入れて、ミックスベジタブル大さじ2をいれて1分炒める。カップに盛る。

7 レタスを敷き、鮭、ちくわ、カップにいれたパイン、ブロッコリー、ミックスベジタブルを詰める。

8 ごはんの盛り付けをしたら、できあがり。

冷やし中華

- 冷やし中華麺 …… 1ふくろ
- たまご ………………… 1こ
- きゅうり …… 親指1ぽんぶん
- ハム …………………… 1まい
- かにかま ……………… 1ぽん
- ミニトマト …………… 1こ

あぶらをすこし入れ、キッチンペーパーでふく（火をつけたあとならさいばしでふいて下さい）

はしをたてて、上下にうごかす

1 材料をそろえる。

2 たまごをわり、さとう 小さじ1 をいれる。数字の1を書くようにまぜる。

弱火　　とめる

3 たまごをいれ、ひろげてやく。
ふちがめくれたら、火をとめる。

4 まないたに取り出し、重ねて、細くきる。

うすくきる　　かさねて、ほそくきる

おゆがわいたら、めんをいれる

5 きゅうりをうすくきり、3〜5枚をかさねてきる。

6 フライパンに水をいれてわいたら、麺をいれ、3分ゆでる。

ぬめりをおとす

かにかまを手でさきもりつける
食べる時にスープをかける

7 水でよくあらい、氷水で冷やす。

8 水をよくきり、具をもりつけ、スープは食べる前にいれる。できあがり。

くまさんオムライス

●ごはん	おちゃわん2はいぶんくらい
●たまご	2こ
●とりももにく	60グラム
●たまねぎ	すこし（1/4）
●マッシュルーム	1こ
●ミニトマト ●ブロッコリー	●トマト ●バター

あぶらをすこしいれ、キッチンペーパーでふく

はしをたてて、上下にうごかす

1 材料をそろえる。

2 たまごをわり、数字の1を書くようにまぜる。

弱火　　とめる

3 たまごをいれ、ひろげてやく。**ふちがめくれたら、火をとめる。**お皿にのせる。

4 とりにくを一口大に、玉ねぎはみじん切りにする。マッシュルームをうすく切る。ケチャップ大さじ2準備。

5 バターをひいて玉ねぎと鶏肉を1分いためる。マッシュルームをいれて1分いためる。

6 ごはんをいれて1分いためる。しおこしょう、ぱっぱ。ケチャップをいれる。混ぜる。火をとめる。

7 おわんにごはんをつめて卵のうえにのせる。トマトを切って顔を作り、ケチャップで口を描く。

8 ブロッコリーをかざりつけたら、できあがり。

ぶたにくとキャベツのオイスターソース炒め

- ぶたにく……50グラム
- キャベツ………3枚
- たまねぎ…すこし(1/8)
- サラダ油……大さじ1
- ごま油………大さじ1
- 塩こしょう
- かたくりこ……大さじ1
- オイスターソース
   …………大さじ1
- さけ…………大さじ1

1 材料をそろえる。

2 キャベツ、玉ねぎを薄く切る。

かたくりこ　大さじ1

3 ぶたにくに、塩こしょう、片栗粉をまぶす。

オイスターソース大さじ1

さけ　大さじ1

4 合わせ調味料を作る。

5 サラダ油の準備をしてフライパンに火をつけ、豚肉を炒める。色が変わったら、皿に移す。

6 ごま油でキャベツ、玉ねぎを炒め、塩こしょうをぱっぱとふる。

7 玉ねぎが柔らかくなったら、肉と合わせ調味料をいれて、まぜる。火をとめる。

8 お皿に盛りつけたら、できあがり。

91

肉豆腐

- ぎゅうにくこまぎれ ……… 70グラム
- あつあげ ……… はんぶん
- ねぎ（わけぎ） …… すこし
- あぶら ……… 大さじ1

1 材料をそろえる。

2 厚揚げをきる。

さとう　大さじ1
しょうゆ　大さじ1
みりん　大さじ1
さけ　大さじ1

3 合わせ調味料をつくる。

4 油の準備をしてフライパンに火をつける。肉を炒める。

50と100のあいだまで、みずをいれる

5 水を1／3カップ入れ、合わせ調味料をいれる。

6 ぶくぶくなったら、肉を端に寄せて、厚揚げをいれる。ふたをして5分にる。

7 ねぎをきる。タイマーが鳴ったら、ねぎをいれ、ふたをして3分にる。

8 お皿に盛りつけたら、できあがり。

スパゲッティ カルボナーラ

●パスタ …100グラム
●ベーコン ……… 2枚
●玉ねぎ…すこし（1/4）
●オリーブオイル
●にんにく …… 1かけ
●塩こしょう
●牛乳 …… 75㎖
●スライスチーズ … 1枚
●卵 ………… 1個

1 材料をそろえる。

2 にんにくは端をきって、皮をむいてきる。たまねぎ、ベーコンをきる。卵は割ってといておく。

タイマーが鳴ったら、ざるにあげる。

キッチンペーパーで水分をふき取ってから、油をひくとよい

3 1リットル（計量カップ5杯）の水を沸騰させる。ぶくぶくいったら塩を少しいれてパスタをいれて、3分ゆでる。

4 フライパンにオリーブオイル大さじ1をいれてにんにく、ベーコン、玉ねぎの順に炒める。1分。

50と100のあいだ

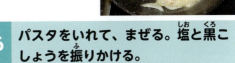

5 弱火にして、牛乳75㎖を入れる。チーズをちぎっていれる。

6 パスタをいれて、まぜる。塩と黒こしょうを振りかける。

7 火をとめて、卵を入れ、さっと混ぜる。

8 お皿に盛りつけたら、できあがり。

コラム

活用

◉ 週末のメニューは

　家庭科の授業に強く関心をよせてくださり熱心に取り組んでくださるご家庭があります。週末になったら家庭科で習ったものをお子さんに作ってもらうなど、復習をかねて家族のお昼ごはんや晩ごはんにして作る機会を設けて下さっております。それがお子さんのスキルアップにつながっていることがあります。ある生徒さんのご家庭では毎週それをくりかえし、家族分の複数人数分作るものですから、格段に腕が上がっていきました。また、ご家庭の方よりも生徒自身が熱心なケースもいくつもあります。家族に言われなくても、自分から復習をする生徒も。何より料理が楽しいと思える気持ち、「自分にもできた」「またやってみよう」という意欲、とても嬉しいです。

◉ 自信をつける

　高校生になるまで包丁を持ったことのない生徒はこれまで何人もいました。しかし、家庭科の食学習を通して自信をつけた生徒のみなさんも何人も見てきました。これまでからかわれたり、いじめられたり、クラスになじめず、暗い学生生活を送ってきた生徒が料理をし、自分で完成させたものを食べることで「自分はできる！」と自己肯定感を持ち、どんどん明るくなっていった例がたくさんあります。家庭科食学習は自分の努力が報われる、作ったものをすぐ食べられて直に満足感が味わえるので、自己肯定感を育むにはうってつけです。何より料理は大人の仕事、家の人がするものと思いこんでいたのに、それが自分にもできたとなると大きな自信になります。ある保護者の方が「親の方もチャンスを見逃していました」と日誌のコメント欄に書いてくださっていました。生活に結び付き、習ったことを今日から使える学習です。学校で自信をつけ、家庭で実践して褒められさらに自信をアップさせる、そういったよいサイクルが期待できます。

● おすすめ！バイキング大会

　ある程度料理のスキルが付いてきたら、おすすめしたいのがバイキング大会です。発達段階の異なる生徒のみなさんに、それぞれのスキルに合った料理の素、即席物を使った調理をしてもらいます。一人で一人分の食事を作る本校の家庭科では、料理の素をあまり用いてきませんでした。でも、これを使うと簡単にできてしかもおいしい！こういった便利な物の利用もぜひ覚えてもらいたい！ということで、たくさんのメニューをクラスみんなで作って食べるバイキング大会を開催しています。

　それぞれの生徒の段階に合った料理の素と食材を用意して、各自が箱の裏のレシピを読んで取り掛かります。クラスの人数分、いろいろな料理が並んで、豪華なバイキング大会になること間違いなし。レシピ通りに作れば失敗も少なく、おいしくて周りにも褒められ、自信にもなります。それだけでなく、バイキングでは料理の取り方も勉強。おすすめのバイキング大会、ぜひ。

> 応用
> 3段階

4 自分で考えて作ろう

（1）カレーうどん

　3段階になりました。レベルアップです。今までの経験から自信もついているのでチャレンジの意欲もますます高まっていることでしょう。ここからはスキルアップをしていきます。火加減や調味料の計量も複雑になります。カレーうどんはそのスタートとなる、「大さじ1/2」が出てきます。分数の概念を理解するの

が難しい生徒のみなさんでも、この「1/2」の壁を乗り越えれば、ぐんと調理の幅が広がります。

ポイント

　大きな壁が「1/2」です。まずは読み方の壁です。これ、何と読むでしょうか？「2月1日」と呼んだ人も何人かいました。正しい読み方は「にぶんのいち」です。

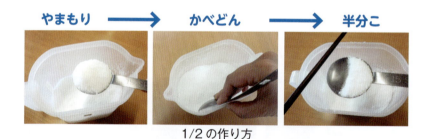

1/2の作り方

砂糖1/2

あとで来る2の数字を先に読むのでややこしいですが、こう読みます。意味は「半分」です。これを3段階では繰り返し学習します。「1/2」の概念等数学の時間を取りゆっくり学んでいければ本当はよいのでしょうが、家庭科では「この数字の並びが来たらこれ」ときまったルールとして学習してきました。普段数学の時間で一桁の足し算を学習している生徒も、このマークを見たら「にぶんのいち。はんぶん」と答えられて、実際に1/2を作れるようになっていっています。

砂糖やだしの素、片栗粉などは、これまでどおり計量スプーンで山盛りすくい、容器の側面にぐっと押し付ける「かべどん」で大さじ（小さじ）1を作ります。それを別のスプーン等で半分にカットします。本校家庭科ではこれを「山盛り、かべどん、半分こ」と教えています。繰り返し見本を見せる中で何度もこのフレーズを耳にして、覚えていきましょう。

では、しょうゆやみりん、料理酒等の液体調味料の「1/2」は？

これは「銀のわっか」と教えています。本校家庭科で使用している計量スプーンはごく一般的な銀色のステンレス製のものです。それにきっちりいっぱい入れてきた「（大さじ）1」に対して、全部入れ切らないでスプーンの端の部分を残し「銀のわっか」が残るように入れることで「1/2」を作ると学習してきています。こちらも「しょうゆの1/2はどうやって作る？」の問いにみんながすぐ「銀のわっか！」と答えてくれる等本校の授業ではすっかり浸透しています。もちろんお手本の際には教員がモデルの「1/2」を作って全員の生徒にしっかり見せます。

銀のわっか

これらの「1/2」の調味料の作り方をマスターしたら、あとはここまでスキルを積んできた生徒の皆さんのこと、十分にレシピを見て進めていけることでしょう。この後も「1/2」が出てきます。繰り返し取り組むことで「1/2」に自信も持って挑めるようになるはずです。

伸ばしたい力

- 調味料計量「1/2」の意味、作り方が分かる。

結果

　これまで分数を理解している生徒はほぼおらず、家庭科の担当になったばかりの頃は「1/2」をどうやって教えていくか考えました。今後「1/2」等分数が出てくるレシピを避けてしまう手もあったのですが、将来市販の料理本やネットレシピ等を見て調理をする際に、分数の調味料は頻繁に出てくる数字です。料理以外でも目にすることもあるでしょう。そこで「1/2」に挑戦をしてみました。普段の本校の数学でも出てこない数字なのでどうかという心配もありましたが、そこはさすが家庭科の強み。おいしいものを食べられる授業ということで生徒は家庭科が大好きです。よくお手本を見てくれていることもあり、「1/2」をどの生徒も自分のものにすることができるようになりました。このあと「2/3」「1/4」等にも取り組みます。まずは「1/2」をクリアしてステップアップを目指しましょう。

（2）親子丼

　今度は「2/3」が出てきます。調味料ではなく卵の量で「2/3」を使います。これまで調味料の計量で「1/2」が出てきていて、「1/2」の意味が半分であることは理解できていることでしょう。このメニューでは「2/3」の理解とその応用があります。

ポイント

　「1/2」を自信満々で作れるようになったみなさん、今度は「2/3」です。「2/3」の調味料は「細い銀の輪っか」です。「1/2」の「銀のわっか」よりさらに細い「銀

大さじ 2/3（さらに細い銀のわっか）

大さじ 1（小さじ）1/4

| 1カップ | 1/2カップ | 1/3カップ |

のわっか」を作ります。ということは、「1/2」より「2/3」のほうが量が多いということです。

　今回のレシピでは溶き卵を「2/3」フライパンに入れます。調味料の容器に残るほうの卵が、フライパンに入れる卵より少なくなるようにしましょう。ゆっくり、慎重に。

伸ばしたい力

- 「2/3」の意味、作り方が分かる。

結果

　これまでの「1/2」で自信を得ている生徒のみなさんからは「思ったよりすんなりでできた」との声が聞かれ、失敗もありませんでした。「2/3」を慎重に入れることもできています。これまでの学習の積み重ねですね。

　このあと「1/4」も出てきます。これは「1/2」を作ってさらにそれを半分にすると学習しています。砂糖や片栗粉は「1/2」を半分カット、しょうゆ等液体調味料では「1/2」の銀のわっかを作った後、慎重にそれを半分容器に戻すとしています。

(3) セルフプロデュースの5色弁当

　これまでお弁当作りの学習を重ねてきました。お弁当に入れるおかずの基本の5色は「赤・黄・緑・白・茶色」です。これを意識しておかずを入れると栄養バランスの取れたお弁当が出来上がります。ここまでそれぞれの色のおかずのレパートリーを増やしてきました。今度はその中から、あるいは自分で考えたものを加えて、それぞれの色のおかずを考えてみましょう。そしてそのおかずでお弁当を完成

させるレシピも書いてみましょう。朝の限られた時間でどう作るのか、これまでの経験を生かしてそれを考える力もつけたいですね。自信をつけ自分の食事は自分で賄うという自覚をさらに高めていきましょう。

セルフプロデュース弁当までにいろいろなおかずをマスターしましょう（P118〜P121でレシピを紹介しているお弁当）

ポイント

これまで取り組んだ色別のおかず一覧表もありますが、できるだけそういったヒントなしで5色のおかずをチョイスしてみましょう。そしてレシピにしてみます。今までのレシピを見てもいいですし、覚えている人はそのまま書いてもかまいません。ネットや料理本から引用してもかまいません。ただ、作る順番、段取りはどうするか、お弁当を作る時間は朝であり、そんなに余裕がないことを考えて作っていきましょう。

伸ばしたい力

- ●栄養バランスを考える力。5色のおかずを考える。
- ●調理時間、適量等を考える。
- ●レシピを文字にする。
- ●自分のレシピで実際に作る。

結果

これまでとは違い、自分で考えてオリジナルレシピ、オリジナル弁当を作るということでどの生徒も張り切って取り組んでいます。これまでのレシピをもとに自分の好きなおかずをどんどん決めて、ラインナップがあっという間に決まった人がほとんどです。ただ、限られた時間で作れるか、欲張りすぎていないか、はじめのうちはそういったことを十分に考えないままレシピにして、いざ作ると失敗してし

まった人も何人かいました。2回目、3回目からだんだんと時間のことや適量等考えられるようになってきます。できれば2回3回と繰り返して取り組みたいですが、時間が取れなければ、家庭でお願いする、休暇中の宿題にする等して行いたい学習です。もっと欲を言うと、買い物からできればなおいいですね。

　これまでの生徒のセルフプロデュースの5色弁当のラインナップ、レシピ、実際に作ったお弁当の写真等をレシピノートに掲載します。レシピは文字のものを使用する生徒もいますが、これまでのようにお手本や視覚支援つきレシピがなくてもできるようになってきたことは成長を感じます。

表　（全員の）お弁当おかず一覧表の例
レパートリーの例

	赤	黄	緑	茶	白	その他
A	プチトマト	卵焼き	野菜炒め	タンドリーチキン	ふりかけごはん	いちご
B	プチトマト 焼き鮭	卵焼き	野菜炒め	豚の生姜焼き	ゆかりまぜ ごはん	みかん
C	焼き鮭 梅干し	冷凍コーンクリームコロッケ	ほうれん草 おひたし	冷凍ハンバーグ つくね	ごはん かまぼこ	ブルーベリー
D	いちご りんご	コーンの 塩コショウ炒め	ブロッコリー	納豆ハンバーグ	ごはん	塩やきそば
E	焼き鮭	卵焼き	野菜炒め	魚肉ハンバーグ	ごはん	みかん
F	いちご りんご 焼き鮭 ウインナー	卵焼き パイン	ほうれん草 おひたし ブロッコリー キウイ	すり身の天ぷら	ふりかけごはん	冷凍ひじきの 煮物 冷凍エビフライ
G	タコさん ウインナー	ポテトサラダ	レタス	豚の生姜焼き	ごはん	

　お弁当作りの取り組みを通して、実習中自分で自分のお弁当を作る人は確実に増えました。もちろん卒業後にもそれは生かされています。ある卒業生はハンバーグヘルパー（ハンバーグの素）を使ってたくさんミニハンバーグを作って冷凍しておき、毎日のお弁当に入れていると話してくれ、お弁当を見せてくれました。就労している卒業生の中には、社会人になった今も毎日お弁当を作って仕事場にもっていっている人も沢山います。

　お弁当を作ることが難しくても、自分の水筒にお茶を入れていくことが日課になったある生徒は、家族に褒められたことをきっかけに、今度は毎朝家族分の水筒にお茶を入れるようになりました。毎朝ご飯を詰めることを日課にした生徒の家庭は、時間が遅くなっても子ども自身がご飯を詰めることを徹底させたおかげで、すっ

これまで生徒の作ったセルフプロデュースのお弁当の一例

かり定着し、冷凍食品のおかずも入れることができるようになったと言っていました。お弁当を作る前日に、明日作るおかずを決め構える家庭、毎日卵焼きを作るようにした家庭、様々です。しかし取り組んだ家庭は、いずれも「子どもの成長が見られた」と語り、生徒自身も「自分のことは自分でする」という意識が確実に高まっています。

（4）自分でランチプロジェクト

　いろいろな調理にチャレンジし、スキルも随分アップしてきました。ここではこれまでの経験を生かして、自分で考えて取り組んでみましょう。レシピなしでできるの？と心配されるかもしれませんが、これまで毎年多くの生徒のみなさんと一緒に学習してきましたが、全員がレシピなしで、しかも一人でできました。そして、ここでは家庭科の授業だけではなく、家庭で実際に一人で作ることまでを学習としています。ここをクリアすれば、一人でレシピなしで作ることのできるメニューもあり、しかも具の種類や味付けなど応用も可能。栄養バランスも考えて作ることができる。といいことづくめです。ここまでたどり着けば、自分の腕に自信が持てますよ。

ポイント

　これまでのレシピ通りの調理から進んで、いよいよ自分で考えて作る時間です。自分でチャーハン、焼きそばを作ります。このメニューを選んだ理由は「作りやすいこと」「具のバリエーションが豊富なこと」（好き嫌いの多い生徒でも自分の好みのものを選んで入れられる）、長期休み（夏休みや冬休み）のランチとして「自分で作ることができること」があげられます。

　将来、健康で豊かな生活を少しでも自分でプロデュースしていけるように、好きなものばかりでなく、栄養を考えてバランスよく具を入れたり、彩りも合わせて考えて作れることをねらいにおいています。用意された食材の中から一人分の適量を考えて、食材を取っていくこともねらいにしています。

　支援度の低い生徒においては、安価な焼きそば麺を活用して栄養バランス満点の料理を目指すことや(焼きそばの生麺の値段を知らせる)、冷凍残りごはん(余ったご飯を冷凍して次回に活用する)や冷蔵庫に余っている食材を使って調理をする学習でもあります。

　味付けももちろん自分で。基本となる５種類の

チャーハンの５つのラインナップ

味（5つの味のラインナップ）を用意しています（巻末に掲載しています）。その中で好みの味を選んで作っても構わないですし、オリジナルでも構いません。用意した5種類の味は薄味レシピにしています。生徒のみなさんは普段は本校独自のレシピを見てその通りに実施しており、味見をしたり、好みの味を選んだり、味を自分で調整する習慣がありません。薄味レシピにしたのは、自分で味を調整する機会を作りたいからです。さあ、どんなチャーハンができるでしょうか、どんな焼きそばができるでしょうか。

　そしてこの授業はここで終わりではありません。「プロジェクト」はまだ続きます。家庭で長期休暇に、自分で考えてチャーハン、焼きそばを作る宿題を出します。冷蔵庫を開けて、そこにある食材を利用して、栄養バランスを考えてひとりで自分のランチを作ってもらいます。「家庭での般化」、これがこのプロジェクトの最大のポイントで、ここまでがプロジェクトです。

伸ばしたい力

- ●レシピがなくてもチャーハンや焼きそばが作れる。
- ●彩りや栄養バランスを考えて、食材から適量をとる力。
- ●味見をしながら味を調整する力。
- ●自分の食事は自分でするという自覚。
- ●保護者への意識付け。

結果

　普段はレシピを見てその通り行うことをしていますが、より家庭でも作りやすいように、お手本を見せたのち、（レシピがないと不安な生徒用にはレシピを用意していましたが）、基本はレシピなしで取り組みました。その結果、これまでは全員がレシピを使うことを選ばずに取り組み、全員がレシピなしでできました。このことは、毎週の家庭科「食」学習の積み重ねで、まず食材を洗って切る、火をつけたら油をいれる、炒める順番(チャーハンであれば卵、焼きそばであれば肉、肉は色が変わるまで炒めること等が定着していることもあり)も理解できており、大きな失敗もなく全員ができています。

　ルールとして、具は事前に用意してある食材の肉・魚介コーナーから最低1種類、

野菜コーナーから最低1種類は取るようにしました。全員が守れ、自分で選べる自由がある楽しさを感じていることもよくわかりました。彩り、栄養バランス、量も考えることができていました。これまでの家庭科では決まったものを取るのみだったので、一人分の分量より取りすぎる生徒がいるのではと心配しましたが、友達の取る様子を見て適量を考えたようで、こちらのそういった心配は不要となりました。

　野菜が苦手な生徒も選択肢が多くある中で、茶色が多すぎては彩りがもの足りないと思ったようで、ネギなどの野菜を自分から選ぶことができていました。また、家庭では全く野菜を口にしない生徒も自分で選んで作るとなると、誰にも促されないでたくさんの野菜を自分からトレイに入れているのはうれしい驚きでした。

　味を5種類用意し、それぞれの生徒が好きな味で作ったのですが、このことが生徒のやる気アップにつながったようで、完成した後も友達の作ったものを味見して、「次はこっちの味にしてみたい」と次への意欲を持つ生徒も多くいました。

　一人で、またレシピなしでできたことは生徒の自信に確実につながりました。夏休みの宿題として、チャーハン2回・焼きそば2回の宿題を課し、加えて、自由クッキングも課しました。チャーハン・焼きそばは必須課題としています。

　家庭科の授業はいくら学校でできても実生活で活かしてこそであると考えます。家庭での般化が大切です。よって家庭での協力を仰ぐために、「自分でランチプロジェクト」の様子をできるだけ「マイクッキング（家庭科だより）」で伝えるようにしました。どんなレシピで行っているか、授業中の生徒の様子、味や具の人気ランキング、夏休みの宿題について、夏休みの成果の発表等をお知らせしました。その結果、他の家庭でのことが分かったと保護者からは好評をいただきました。またそういった情報が刺激になったようで、その後も家庭科の授業で取り組んだメニューを家庭で復習する等、積極的に調理をする家庭が予想以上に増えたことは嬉しい限りです。

　さらに家庭科日誌には授業中の写真、完成した食事の写真を貼り、できるだけ生徒の様子を視覚的にもわかりやすく、お知らせするようにしています。保護者からのコメントにも返信をできるだけ行ったこともあり、日増しに保護者からのコメントも増えてきました。このような授業の家庭へのフィードバックが、ご家庭での協力をいただくのに一役買ったのではと考えています。

　これまで家庭ではキッチンに入ったこともない、また箸も並べたこともない生徒

が数人いました。まだ包丁を持たすのは怖い、うちの子には無理、遠い将来と考えてきた保護者も、「マイクッキング（家庭科だより）」等を通じて、卒業後の生活、親亡き後の自立した生活も考え始める家庭もあり、初めて家庭で調理にチャレンジするご家庭も数件ありました。一人でさせるのは怖いと思っているところでも、家族の監修の元、取り組んだり、親子で取り組んだりすることができていました。各家庭からは「意外とできることが分かった」「楽しかった」「余暇にもつながった」との感想をもらうことができました。

　家庭で複数分、家族全員分作ったという報告も多くありました。これまでは学校でやるのみ、あるいは家庭でたまにしても自分の分だけという生徒も、家庭からと家庭科担当教員からの両方の期待で、家族分の食事をすべて作り、準備から片付けまで一人で行うということを何度も行っているという大変嬉しい報告を数多くいただいています。

＜保護者から頂いた感想の一部をご紹介します＞
- いつの間にか成長していて、一人でここまでできるんだと感心しました。
- 家で調理をさせたことはなかったですが、この夏は勇気を出して挑戦し、まさに「チャーハンと焼きそばの夏」となりました。やってみたら意外とできることが分かりました。今度からは買い物も一緒にやってもらおうと思っています。卒業後、自分で食事が作れるように今からできることをしていきたいと思います。
- 家で料理をさせる意味が分からなかったが、先生があまりにも何度も言うし、宿題なので作ってみました。上手にできていて驚きました。もっとやりたいと本人が言うので、これなら台所仕事をもっとやらせてみようかと思うようになりました。

・家では箸すら出したことのない子ですので、包丁を持たせて調理をするのは緊張感がありました。でも本人は楽しそうにやっていました。2回目は人参・玉ねぎを切る時のドキドキ感が減りました。まだまだ危なっかしい場面もありますが、こういった機会を作らなければいけないと思いました。できることから取り組んでみます。

(5) チャーハン対決

これまでの調理経験を活かして、二人分のチャーハンをレシピなしで作ります。具も味つけも自由です。生徒のみなさん、自分が最高においしいと思うチャーハンを作ってください。

これまではレシピ通り作れば必ずおいしく仕上がるようになっていました。が、この単元ではレシピはありません。具材の量、彩、適量、栄養バランス、切り方、炒め方、味付け、盛り付け…自分で考えて、工夫して仕上げます。味つけも自由なので味見して調整することも必要です。そして出来上がったものは一食分は自分の分ですが、もう一食分は誰かに食べてもらい評価をもらいます。自分ではよいと思っていた具材の量、彩り、適量、栄養バランス、切り方、炒め方、味付け、盛り付け…ほかの人から見たらどうでしょう。食べてもらった評価は点数になってかえってきます。他人の評価を受けることで、自分がよいと思っていたものでも、こうすればもっと良くなる、おいしくなる等のヒントがもらえます。この授業は1回で終わりではありません。必ずリベンジ大会を行います。

もちろん、ただ評価してもらうだけの機会ではありません。具材の量、彩り、適量、切り方、炒め方、味付け、これらを自分で工夫できることは大切です。適量や栄養バランスを考えられていることは将来の健康的で豊かな生活につながります。

ポイント

授業は校内の先生方が扮する「日本チャーハン協会」の役員の方々がわざわざ来校されて審査してくださる、という設定で取り組んでいます（この授業では、校内

の先生方が「日本チャーハン協会」の役員になりきって、先生方自身も生徒のチャーハンを楽しみながら真剣に審査し、ご協力してくださいました）。具も味つけ自由に作ることができるチャンスということもあり、生徒は自分の好きなように作れて好きなものばかりが食べられることから、審査結果は気にならないという生徒も中にはいました。けれども多くの生徒は「勝ちたい」「自分のチャーハンが一番おいしいはず」と並々ならぬ意気込みを見せてくれます。

材料コーナーにはまな板と包丁を置いておきます。これは野菜を適量カットして持っていくためです。調味料コーナーにはありとあらゆる調味料を並べておきます。まったく関係ないかき氷シロップを置いてみたこともありました（もちろん誰も使いませんでした）。生徒によってはこだわって時間をかけすぎてしまうので、制限時間も設けるようにしました。

生徒の調理が始まったら、教員はいろいろとアドバイスしたいことがあってもぐっと我慢。生徒のチャーハンができたら並べます。それぞれ誰が作ったかは伏せて、ABC…と各チャーハンの横に札をつけておきます（P112）。ここで「日本チャーハン協会」の役員の方々が入室されます。役員の方々にはお席で小皿とスプーンをお渡しし、それぞれ大皿から取って味見をしていただきます。審査用紙とペンもお忘れなくご準備を。審査項目は「味」「彩り」「栄養」「盛りつけ」「量」「具のバランス」です。

結果は計算した点数、コメントにしてできるだけ早く生徒に還元します。「日本チャーハン協会」に審査してもらえるチャンスとあって、大変盛り上がる授業です。

1回目より2回目と、回数を増すごとに作品は確実にレベルアップしていきます。どこが点数に繋がらなかったか……生徒自身が考えてよりよいチャーハンへと進化を遂げていきます。

伸ばしたい力

- 栄養バランスを考える力。
- 調理時間、彩、適量等を考える力。
- レシピがなくてもチャーハン二人分を作れる。
- 味見をしながら味を調整する力。
- 盛り付けを工夫する。

●具材の切り方、炒め方。

結果

　自分では美味しいと思っていたのに「味が薄いと言われた」「ニンジンがでかい。火が通っていないと言われた」「彩りが食欲をそそらないと書かれている」等の評価をもらって、次のリベンジ大会までに家で研究してくる生徒がこれまで何人もいました。

　もちろん保護者も応援してくれ「どんなのができるか楽しみ」と応援コメントをよせてくれています。この取り組みの中でずいぶん自信もつき、前向きになった生徒も多くいます。これまで取り組んできて驚いた事例があります。高2生男子生徒Ａさん（自閉症新版Ｋ式発達検査：4歳7ヶ月）が、調味料を入れる際、調味料コーナーに行って、さっとペーストタイプの調味料（香味ペースト）を選びました。これ一本で味が決まることを、これまでの経験で知っているのですね。他の対戦相手であるクラスメイトはいろいろな調味料を複雑に調合して苦戦しているのに、Ａさんはあっという間に仕上がりました。のちの審査の結果、ペーストタイプの調味料を使ったＡさんの作品が最も高得点で優勝！審査員の先生方に後から「実はあのチャーハンがＡさんの作品」と伝えると日本チャーハン協会の誰もが驚いていました。Ａさんはクラスで最も支援度が高く、このようにおいしいものを作ることができるとは思われていなかったのです。これまでの学習経験が生かされました。何が起こるか分からない、我々指導者にもいろいろな発見がある、それがチャーハン対決です。

たくさん置かれた食材から…

ある生徒の選んだ具材

採点基準を確認!!

素材を選んだら調理スタート

レシピなしでオリジナルチャーハンを各自で作るようす

日本チャーハン協会の皆さんによる審査

第4章 食学習レシピ

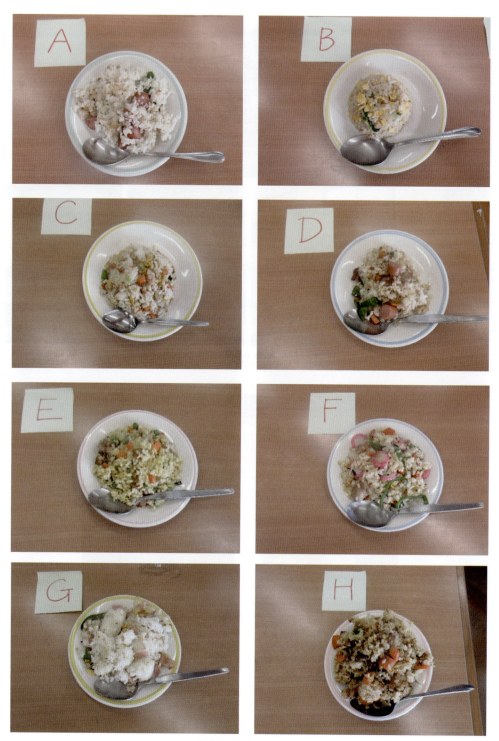

完成したチャーハン

レシピ集

- ①カレーうどん　　　　　　　⇒ P.114
- ②やきうどん　　　　　　　　⇒ P.115
- ③チンジャオ焼きそば　　　　⇒ P.116
- ④親子丼　　　　　　　　　　⇒ P.117
- ⑤ウインナー弁当　　　　　　⇒ P.118
- ⑥ベーコンまき弁当　　　　　⇒ P.119
- ⑦肉野菜炒め弁当　　　　　　⇒ P.120
- ⑧カレームニエル弁当　　　　⇒ P.121
- ⑨ほうれんそうとベーコンの和風パスタ⇒ P.122
- ⑩麻婆白菜　　　　　　　　　⇒ P.123
- ⑫なすのみそいため　　　　　⇒ P.124

カレーうどん

- うどん ………… 一玉
- カレールウ …… 1かけ
- たまねぎ ……… 1/4こ
- ぎゅうにく ‥ 50グラム
- ねぎ ………… すこし
- めんつゆ ……… 50㎖
- かたくりこ… 大さじ1/2
- あぶら ……… 大さじ1

1 材料をそろえる。

2 鍋におゆをいれて、ふっとうしたら、麺を2分ゆでる。ざるにあげて、器にうつす。

3 たまねぎ、牛肉をきる。

4 鍋にめんつゆ50㎖と水220㎖をいれる。火にかけてふっとうしたら、たまねぎと牛肉をいれて1分にる。

5 カレールウをいれて溶かす。溶けたら火をとめる。

6 かたくりこ大さじ1/2を調味料用の容器にいれて、水を大さじ1いれてまぜる。

7 かたくりこを鍋にいれて、さっとまぜる。めんにかける。ねぎをきる。

8 ねぎをのせたら、できあがり。

やきうどん

●うどん	ひとふくろ
●豚肉	50グラム
●ピーマン	1/2こ
●キャベツ	2枚
●にんじん	1/4本
●たまねぎ	1/2こ

1 めんつゆ 大さじ1
2 しょうゆ 大さじ1/2
3 みりん 大さじ1/2
4 だし 小さじ1/2

1 材料をそろえる。

2 合わせ調味料をつくる。

3 うどんを袋のまま、レンジで1分、チン！

4 野菜をきる。

5 フライパンに油をひいて、豚肉をいためる。

6 肉の色が変わったら、ニンジンと玉ねぎ、ピーマンをいれて、1分いためる。次にキャベツをいれて1分いためる。

7 うどんをいれて、ほぐす。ほぐせたら、調味料を入れて、まぜる。火をとめる。

8 お皿にいれて、あおのり、かつおぶし、べにしょうがをのせたらできあがり。

チンジャオ焼きそば

- めん ……ひとふくろ
- ピーマン ……1〜2こ
- にく ……80グラムていど
- ごまあぶら‐大さじ1
- 鶏がらスープのもと ………小さじ1/2
- かたくりこ…小さじ1

1 材料をそろえる。

2 めんの袋に切り込みをいれ、レンジで30秒チン！

3 ピーマンと肉を細切りする。

しょうゆ 大さじ1
さけ 小さじ1
オイスターソース 小さじ1

4 合わせ調味料をつくる。肉をいれてまぜる。

5 鶏がらスープの素を小さじ1/2とり、水50mlでまぜる。片栗粉小さじ1を水大さじ1でとく。

6 ごま油の準備をしてフライパンに火をつける。肉をいためる。茶色くなったら鶏がらスープの素をいれる。

7 ぶくぶくいったら、水溶き片栗粉をいれる。ピーマンとめんをいれて、いためる

8 おさらにもりつけたらできあがり。

親子丼

- ごはん……………おちゃわん1ぱいぶんとすこし
- 鶏肉………………70〜80グラムていど
- 卵…………………2こ
- たまねぎ…………1/4こ
- しょうゆ…………大さじ1
- みりん……………大さじ1
- さけ………………大さじ1/2
- さとう……………大さじ1/2
- だしのもと………小さじ1/2
- 水…………………80㎖
- みつ葉など

1 材料をそろえる。

さとう 大さじ1/2　だしのもと 小さじ1/2
さけ 大さじ1/2　水 80㎖
しょうゆ 大さじ1　みりん 大さじ1

2 合わせ調味料を作る。

3 玉ねぎと鶏肉をきる。卵をとく。

4 合わせ調味料と玉ねぎをフライパンにいれて、2分にる。

5 鶏肉を加えて、2分にる。

6 卵2/3をいれて、ふたをして2分にる（卵を全部いれず、少し残しておく）。

7 のこりの卵をいれてふたをして10数える。

8 丼にごはんをいれて盛り付け、彩りを添えたら、できあがり。

117

ウインナー弁当

- ごはん
- ゆかりふりかけ
- さつまいも ……… 4〜5センチ
- にら …… 1/8たば
- もやし … 1/8ふくろ
- ウインナー …… 3本
- 冷凍食品　●煮豆
- ブロッコリー　●ぶどう

1 材料をそろえる。

2 さつまいもを切って水につける。ニラを3センチ幅にきる。

3 油をひいて、もやしニラを1分炒め、塩こしょうをしてカップにいれる。

4 ウインナーに切り込みを入れ、1分いためる。

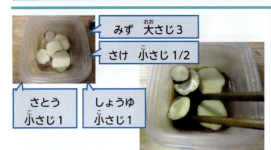

- みず　大さじ3
- さけ　小さじ1/2
- さとう　小さじ1
- しょうゆ　小さじ1

5 さつまいもと調味料をレンジ容器にいれる。まぜる。

6 レンジで3分。取り出してカップにいれる。

7 煮豆を大さじ1とってカップにいれる。ブロッコリー、冷凍食品、ぶどう、おかずをいれる。

8 ごはんにゆかりふりかけを混ぜてできあがり。

ベーコンまき弁当

● ごはん ● さけフレーク
● ハーフベーコン ‥2枚
● アスパラ ‥‥‥‥1本
● えのきだけ ‥‥すこし
● ピーマン ‥‥‥‥1個
● ヤングコーン ‥‥2本
● すりみの天ぷら ‥1枚
● 黄桃 ● さくらんぼ
● 冷凍食品

1 材料をそろえる。

2 えのきはいしづきをきる。アスパラは小さい三角の葉をとって切る。えのき、アスパラをベーコンでまく。

3 フライパンにあぶらをいれて、まき終わりを下にしてから、火をつける。弱火で1分焼く。

4 ころがして、塩こしょうをぱっとふる。火をとめる。

みそ 小さじ1/2

みりん 小さじ1

さけ 小さじ1

5 ピーマンを細切り、ヤングコーンを輪切りにする。合わせ調味料を作る。

6 1分炒めて、調味料をまぜたら、火をとめる。

7 おかずをつめて、すりみの天ぷら、もも、さくらんぼ、冷凍食品をいれる。

8 ごはんに鮭フレークをスプーン1ぱいのせたら、できあがり。

肉野菜いため弁当

- 牛肉 …………… 80グラム
- レタス …………… 1枚
- ピーマン ………… 1/2こ
- キャベツ ………… 1/2枚
- にんじん ………… すこし
- かぼちゃ ……… 50グラム
- レーズン ……… 大さじ1
- きゅうり ………… 1/3本
- 梅干1個 ● かつおぶし
- ごはん ● 鮭フレーク

1 材料をそろえる。

2 牛肉は一口大、ピーマンはせんぎり、キャベツはざく切り、にんじんは短冊切りにする。

- オイスターソース 小さじ1
- しょうゆ 小さじ1/2
- さけ 小さじ1/2
- 塩こしょう ぱっぱ

3 合わせ調味料を作る。

4 フライパンにごま油をひいて火をつけ、肉→野菜の順に炒め、調味料をいれる。まぜる。

- しょうゆ すこし
- さとう 小さじ1/2
- しお ぱっぱ

5 かぼちゃを乱切りにして、レーズン大さじ1と一緒にレンジ容器にいれる。調味料もいれる。

6 電子レンジで1分。カップにいれる。

7 きゅうりを切る。梅干はたねをとってまぜる。かつおぶしを和える。カップにいれる。レタスをしく。

8 ごはんにさけフレークをかける。おかずを詰めたらできあがり。

カレームニエル弁当

- 鮭 ……… 1切れ
- レタス ……… 1枚
- ジャガイモ ……… 1個
- ミックスベジタブル
  ……… 大さじ1
- アスパラガス ……… 2本
- しいたけ ……… 1個
- しばづけ ●ごはん

1 材料をそろえる。

2 鮭に塩こしょうぱっぱ。小麦粉大さじ1、カレー粉少しをつける。

3 フライパンに油をひいて弱火にする。鮭を2分焼く。ひっくりかえして2分焼く。

4 じゃがいもは皮をむいて角切りにして、水にさらす。

5 フライパンをさっと洗う。アスパラガスを3つに切る。しいたけを半分に切る。

6 フライパンでアスパラガスとしいたけを1分焼く。かつおぶしとしょうゆ小さじ1をかける。

7 じゃがいもをざるにあげ、ミックスベジタブル大さじ1とレンジ2分。マヨネーズ、塩こしょうをかけてまぜる。

8 おかず、ごはん、しばづけをもりつけたらできあがり。

ほうれん草とベーコンの和風パスタ

- パスタ …100g（1束）
- ハーフベーコン …4枚
- ほうれん草 ……1束
- にんにく ……1かけ
- 油　● 塩　● こしょう
- だし● さけ● 水
- しょうゆ

1 材料をそろえる。

2 1リットル（計量カップ5杯）の水を沸騰させる。ぶくぶくいったら塩を少しいれてパスタをいれて、2分ゆでる。ざるにあげる。

3 にんにくをみじん切りする。ベーコンは2センチはばに、ほうれん草は3センチはばに切る。

- しょうゆ 大さじ1/2
- だし 小さじ1/2
- 酒 大さじ1/2
- 水 大さじ1/2

4 合わせ調味料を作る。

5 フライパンに油をひいて弱火にする。油をひいてにんにくをいれてさっと炒める。ベーコンをいれて1分炒める。

6 ほうれん草と調味料をいれてさっと炒める。

7 パスタをいれて1分まぜる。塩こしょうぱっぱ。

8 お皿に盛りつけたら、できあがり。

麻婆白菜
まーぼーはくさい

- 白菜 ………… 4枚
- ひき肉 ‥100グラム
- しょうが ……すこし
- にんにく ……1かけ
- 長ネギ ……1/3本
- かたくりこ ●水
- とりがらスープの素
- みそ ●酒 ●ごま油
- しょうゆ ●豆板醤

1 材料をそろえる。

- とりがらスープのもと 小さじ1/2
- とうばんじゃん すこし
- みそ 大さじ1/2
- さけ 大さじ1/2
- 水 50mℓ
- しょうゆ 大さじ1/2

2 調味料を作る。まぜる。

3 白菜はざく切り、しょうが・にんにくはみじん切り、ネギは3センチ幅でななめ切りする。

4 フライパンでしょうがとにんにく、ネギをさっと炒める。ひき肉を色が変わるまで炒める。

5 白菜をいれて1分いためる。容器の調味料を入れて、2分にる。

- かたくりこ 大さじ1/2
- 水 大さじ1

6 水溶き片栗粉を作る。タイマーが鳴ったら、火をとめる。

7 水溶き片栗粉を回しいれてさっと混ぜる。ごま油を小さじ1いれてさっと混ぜる。

8 お皿に盛りつけたらできあがり。

なすのみそいため

- なす …… 1本〜2本
- ピーマン … 1/2こ
- ぶたにく …… 80グラムていど
- あぶら …… 大さじ1
- ごまあぶら 小さじ1

- さとう　大さじ1
- みそ　大さじ1
- さけ　大さじ1/2
- しょうゆ　小さじ1/2
- ごまあぶら　小さじ1

1 材料をそろえる。

2 あわせ調味料を作る。(別にごま油の準備)

なすはらんぎり
ピーマンはたねをとったあときる。小さく切りすぎない

3 なす、ピーマン、豚肉をきる。

4 油の準備をしてフライパンに火をつける。豚肉を色が変わるまで炒める。

5 なす、ピーマンを入れ、炒める。

6 なすがしんなりしてきたら(なすに油がしみてきたら)、合わせ調味料をいれる。よく混ぜる。

7 ごま油を回しいれる。火をとめる。

8 お皿に盛りつけたら、できあがり。

コラム

応用

◉ 食べることは生きること

毎週食学習を指導していると、料理の大まかな流れを生徒がつかんでいることが分かります。それは「①食材を揃える。→②野菜を洗う。→③食材を切る。→④合わせ調味料を作る。→⑤火をつける。→⑥食材を炒める。→⑦合わせ調味料を入れる。→⑧まぜる。→⑨火を止めて盛り付ける。」といった流れです。レシピなしてチャーハンや焼きそばをこしらえると生徒の理解度がよく分かります。

驚かれるかもしれませんが、新版K式発達検査で2歳や3歳と判定された生徒が一人で具や味付けを選んでチャーハンや焼きそばを作り上げます。毎週の学習によって流れがしっかり入っており、一人で最後までやりきることができるところまで成長しているのです。細かいことを言えば、もっとまんべんなく混ぜられるようになると見栄えも味もアップする、また具をもっと揃えて切ったほうが良いなど改良点はありますが、レシピを用いずとも最初から最後まで一人でできるメニューがあることは素晴らしいことです。

食べることは生きること。食べたいという意欲、そしてこれまでの学習の積み重ねで培った自信とスキルでここまでできるようになるのだと思います。

◉ 他の人に見てもらって食べてもらって分かること

これまで何度も「チャーハン対決」「焼きそば王決定戦（チャーハン対決の焼きそば版）」を行ってきました。これまでの授業では学校のレシピ通りにやればうまくいくのですから、ほぼ成功続きでした。ところが、いざ自分で考えてとなると……。具のチョイス、量、彩り、切り方、炒め具合、味付け、盛り付けなど、すべて自分でやる。自分の好きなように作れますが、チャーハン対決や焼きそば王決定戦で作るのは二人分。自分がこれでいい、おいしいと思っても、他の人から見たらどうなのか。食べたらどう感じるのか。「切り方が大きい。にんじんに火が通っていない」と言われた生徒は、リベンジ大会では、時間をかけて具材を小さく小さく切りました。「辛い」と言われた生徒。生徒自身にとってはそれくらいの濃い味つけが普通だったようですが、他の人にとっては濃すぎることが理解でき、誰かの分を作るときは味付けを調整し、濃くなりすぎないように気を付けるようになりまし

た。同時に味が濃すぎるものを食べ続けるとどうなるか関心を持つようになりました。ほかにもこの勝負に「勝ちに行く」ため、仕上がり具合を見て「緑の彩りが足りない」と気が付き後からねぎを加えたり、完成したチャーハンをフライパンから一度どんぶりに移して、それをひっくり返して皿に移すなど、お店で見たことのある「美しい盛り付け」を精一杯真似するなど盛り付けに力を注ぐ生徒もいます。

　他人に見られること、食べてもらうことで気づきや発見があり、より美しくおいしく作ろうという意識が育ち深い学びにつながります。「料理対決」では、他者からの評価によって自分に気づきをもたらし成長することのできるチャンスです。「チャーハン対決」や「焼きそば王決定戦」は、生徒の興味・関心にもぴったりあっていて、ワクワク感の中で学び合える取り組みになっていると感じています。

◉ S君のチャーハン

　チャーハン対決では「自分で考えて作ること」が大切です。これまで生徒が作っているのを見て、途中でアドバイスしたくなってもぐっとこらえてきました。「日本チャーハン協会」からのアドバイスがこの後あり、生徒が自分のチャーハンの良い点・改良点を知ることができるからです。しかし中にはこちらの予想を超えるチャーハンができ、大人の方が勉強の機会を得ることがあります。

　S君のチャーハンを紹介します。いろいろな調味料で味付けに悩む生徒がいる中、S君は毎回麺つゆをチョイス。チャーハンに麺つゆ？初めての組み合わせです。なぜ麺つゆなのか聞きたいけどぐっと我慢。でもS君は知っているのでしょう、麺つゆにはいろいろな調味料が入っていてそれ一本で味が整うことを。S君は計りもせずに、どどっと麺つゆをチャーハンに注ぎ入れよーく混ぜます。ちなみにこのシーンを見ているのはS君以外では家庭科の教員のみ。日本チャーハン協会がやってくると、S君のチャーハンは毎回高い評価です。「どうやって作ったのやろう」「ほっこりする味や」「炊き込みご飯みたい」と。S君チャーハンのファンも出るほど。日本チャーハン協会の方々は麺つゆでチャーハンができているなんて思いもしていないようです。チャーハンの味付けに麺つゆ。これは大人でも考えもしなかった新しい発見です。あれやこれやと考えすぎて多くの調味料を入れてしまい、味が迷走する人がいる反面、「これ一本で味が決まる」と自信をもって使える調味料を知っていることは強みですね。S君の麺つゆもまさにこれ。生徒に教えられ、新たな発見となりました。

5 将来の生活のために

（1）市販の料理本やネットレシピを使って

　4段階になりました。卒業後の豊かな生活を目指して、さらに料理の幅を広げていきましょう。

　これまで本校独自のレシピを使った調理で十分に力がついてきています。これからは市販の料理本やネットレシピ、TVの料理番組等のレシピを見てやってみましょう。特にネットの世界には無限に料理レシピがあります。これ食べたい！と思うものを見つけたら、ただ見ているだけでなくぜひ自分で作れるように、一般的なレシピも読みといて作れる力をつけておきましょう。世間一般のレシピでは曖昧な料理用語が出てきたり、省略している部分が多くあり、それらを読んで理解して調理を進められる力が求められます。また世間一般のレシピは一人分で書かれているものは少なく、必要な人数分に換算して調理ができることも求められます。そういったことに気が付いて調理をする力をつけましょう。

ポイント

　これまでと同様にお手本を見て、そののち各自調理に取りかかりますが、この単元ではまず全員でレシピに目を通し、レシピを声を出して読んで確認をします。すると「2を3のボウルに入れ…」や「Aを鍋に入れ5分煮ます」等。「2」ってなんのこと？「A」ってなんのこと？それらを1つ1つ確認しながら進めておきます。そして注意しておきたいのが「あらかじめ〜しておいた○○をフライパンに入れて…」等の文章が急に出てきます。ということは…事前に「○○を〜していおかなければならない」、つまりは下準備をしておかなければいけないということですね。こういった確認をしっかりとしていきます。

　そしてやっかいなのが普段の会話では出てこない「料理用語」。具体的には「しんなり」「きつね色になるまで」「煮立つ」など。これまで使用した本校独自のレシ

ピをではこういった言葉はほとんど使っていません。この単元までに少しずつ入れていっていますが、世間一般のレシピだとたくさん登場します。他にも「5〜7分煮る」と書かれてあると「5分？6分？7分？」と迷います。よって、出てくる言葉の意味や時間等についても、確認が必要です。

また大事なことは、「このレシピは何人分のもので、今日は何人分作るのか」ということです。本校家庭科の授業では通常一人前を作っています。はじめは一人分で書かれたレシピを用いて行いますが、力がついてくると二人前レシピを使って一人分を作ります。そこでは「1/2」でやった「半分」が生かされます。まずはレシピ通りの計量をしておいて半分の一人前にしていきます。さらにそれに慣れたら、レシピの数字を見て半分だとどれだけになるか確認し、一人前の調味料を量っていくようにします。

伸ばしたい力

- ●レシピを見つける力。
- ●工程を理解して整理する力。

結果

これまでに生徒からは

「2人分を1人分で考えて計算するのが難しかった。」

「煮立つ、という言葉を初めて聞いた。料理の言葉は難しい」

「下準備をしておかないとできない。レシピを最初によく読んでおかなくてはできないことが分かりました」

といった感想があげられています。

レシピを読み解いて、工程を理解するまではこれまでの本校独自のレシピを使用する時よりも時間はかかるかもしれません。けれどもそのあとの調理は、これまで培ってきたスキルで十分にできるはずです。まずはしっかりレシピを読み解きましょう。

(2) 地産地消　～高知家の食卓in附属特別支援学校～

　地元高知県について理解を深め、地域のおいしいものを知り、それらを使って調理し試食することで地域の魅力を再発見しましょう。

ポイント

　この授業も毎年大好評です。高知といえばカツオ。事前に「高知県と言えば、何が思いつきますか」「県外に自慢できるおいしいものはなんですか」といったアンケートを取っています。結果は家庭科だより等でお知らせしており、人気ランキング等ここでもやっぱり一番人気はカツオです。毎年この授業ではカツオを取り入れていますが、思い切って一人「半さく（この数え方も勉強です）」のカツオを使っています。豪快にカットするところから見せて…。普段出てこない高級食材に生徒はテンションが上がります。このレシピをこの段階で扱うのは、せっかくの高いカツオ、失敗したくないからです。3段階後半～4段階くらいまで来ると、火加減や調味料の計量等レシピ通りに進めていくことのできる力が随分ついてきています。加えて、この授業で扱うカツオのレシピはできるだけシンプルに、取り組みやすくしました。

カツオを切っているところを見せるようす

　サイドメニューは、ニラやネギ、ナス、ピーマン等もよく扱いますが、人気のフルーツトマトや文旦もよく出ます。調理の方は、これまでどの生徒もスムーズにできました。この授業は調理もそうですが、いちばんは「高知について考えること」です。先に述べたアンケートは、例年宿題として持ち帰って取り組むことが多いのですが、家族で県の食材について話し合う機会を持ってもらうこともねらいです。これまでの宿題では、メジャーなものはもとより、意外な答えも続出。結構レアなものや教師もあまりなじみのないものを出してくる家庭もあり、こちらが勉強になります。また家族で取り組んでもらっていると、兄弟姉妹さんが答えてくれるケー

スもあり、家族でわいわいと話し合いをしたんだろうなと想像してほほえましくなります。加えて、この授業では高知の食材を使ったレシピを各家庭から募集しています。半数近くの家庭がこれまでにレシピを寄せてくれました。その中から、良いと思うものは家庭科の授業でも採用しています。

高知県の地図を見て名産確認

授業では初めに高知県の地図を広げ、高知県の名産だけでなく、県出身の有名人や本校の先生方の出身地、どこに何があるか、どこに行ったことがあるか等話をします。事前に提出した宿題のこともあり、意見が次々に出されます。家庭科の枠を超えて、生活単元学習や社会科も入った授業です。

伸ばしたい力

- 地元高知県について知り、高知の食材をおいしく調理していただく。
- 保護者への意識付け。

結果

カツオは高知県の名産でもあり、生徒はみんな大好きです。
「さく」を見るだけでも歓声が上がり、いつもとは違う豪華な食材での授業に、ますますやる気がかきたてられたようです。授業の最後の振り返り時間で書く日誌にも、カツオのおいしさ、カツオを自分で調理できた喜びを書いてくれています。ある高2の男子生徒は「今までの調理で一番おいしかった！」と書いています。また保護者からも、家庭科の授業の前日に渡すおたよりの「家の人から」のコメント欄に「豪華なランチですね」と書いて下さるなど期待の声も聞かれました。

（3）1DAY 家庭科

これまでの家庭科では、毎週の調理によって調理スキルは向上するのですが問題がありました。それは教員が食材を準備するため自分で買い物する経験が不足してしまうこと、そ

して家庭での般化です。これらを克服するために１ＤＡＹ家庭科を実施することにしました。卒業後の一人暮らしを想定してひとりの自立した生活者として買い物から調理までの一連の流れに取り組むものです。方法としては予算内での買い物、そして栄養バランスを考えて食事を作ることができるかどうかを確認することでこれまでの調理スキルの習得状況を評価し、課題に向けた改善点を明らかにすることを目指しました。

ポイント

　１DAY家庭科とは、通常よりも長い時間家庭科を行っているためこのようなネーミングにしました。通常家庭科の授業は 10：40～13：10 で、10：30 までは国語や数学等の学習時間、13：10 ～は各学級の生活実践の時間です。ですが１DAY家庭科の時はレシピ検索～買い物～調理～片付け～振り返りと取り組むため、いつもより時間を要し、家庭科の授業を 9：40～（おおよそ）14：20 までとしています。このため１DAY家庭科という名前で取り組んでいます。なぜ丸一日も家庭科についやすのか。この１DAY家庭科には、レシピ検索（情報・国語）買いもの（社会・数学・道徳・国語・SST）、調理（家庭科）…と多様な教科の学習要素が詰まっており、自分で考えて探し、買い、作るといった各教科等を合わせた指導が１日の流れの中でできるからです。

　生徒は初めに赤・黄・緑の栄養バランスを考えて、メニューを考えます。レシピ検索はネットからでもよし、これまでのレシピや料理本からでも OK です。自信があれば何も見ないで作るのもアリです。また即席物を購入することにして、箱や袋の裏のレシピを見て作るというのももちろん OK です。

自分でレシピを検索するようす

栄養バランスをプリントに書き込むようす

その際に今すでにある材料（買い置きや冷蔵庫にあるもの）を提示しておきます。具体的には、家庭で常に常備してあるもの、例えばコーンやツナの缶詰、麺類食パン等、ほかに一食分のみ買うことが難しく冷蔵庫にたいてい入っているもの、卵やレタス、ハム等です。それらを生かしてメニューを考える機会も作る等、実際に生活によくあるシチュエーションで授業を展開します。

　メニュー、買うものが決まったらプリントに書き込み、赤・黄・緑の栄養バランスが取れているか確認します。色分けの表に使う食材を書き込んで、バランスよく入ればいよいよ買い物です。

　本校はラッキーなことに徒歩5分の所に量販店があり、そこへ買い物に行っています。これまですんなり買い物ができた人もいれば、予算オーバーして品物を戻した人等様々です。こんな例があります。

- 海鮮丼を作りたかったが魚介がこんなに高いとは知らなかった。予算内で買えないので、かにかまで手を打った。
- 鮭を買うとき「2割引シール」があるとお買い得なのは理解できるが、実際いくらになるのか計算できない。普段の数学のプリント学習では計算を習っていたが…。
- 豚肉を買うつもりだったが、いざ売り場に行くと「豚」「鶏」「牛」とあってどれが豚肉かわからなかった。
- 豚肉を買いたくて売り場に行ったが、予算オーバーしてしまうので、自らの判断で鶏肉に変更した。
- ちくわを買おうとしたらたくさん種類があってどれを購入したらいいか困ってしまった。
- ほしいものがあるけど、買うかどうか考えて時間がかかりすぎたり、結局面倒でなにも買わず店を出てしまう。
- すべて買い物を終わらせ、手元にお金が余ったのでその金額内でデザートを買うことができた。
- 売り場が分からなくて探すのに時間がかかる。

・買おうと決めていたものがあったが、いざ店内に入るとお買い得品があり、急遽メニューを変更した。

・買い物に行ったもののスーパー入口のガチャガチャがしたくなり、そこでお金を使ってしまった。考えていた食材が買えなくなりがっかり。反省を次回にいかすことに。

　ここに挙げたのは一例ですが、経験不足のため様々な困難がありました。よって、1DAY家庭科は可能であれば何回も繰り返し行って、経験値を上げていくようにしてください。本校では高3生を主に対象に年に5〜10回程度行っています。回数は多ければ多いほど力になります。

　調理はこれまでの経験で、スムーズにできる人がほとんどです。ネットや市販の料理本のレシピの見方も随分慣れています。最近は自分のスマホやiPadを見ながら調理をする人が増えました。レシピは2人分等複数人数分で書かれていることが多いのですが、それを1人分に換算してすすめる力もついてきています。

　また支援度の高い生徒は写真を見て食べたいものを選ぶ、買うものを写真を見て確認して量販店で探し、かごに入れる学習をしています。

伸ばしたい力

●ネットや市販の料理本から好みのレシピを見つけられる。またはこれまで学んだレシピや一人で作ることができるメニューを考えることができる。

●赤・黄・緑の栄養バランスを考えて1食分のメニューを考えることができる。

●すでにある材料（買い置きや冷蔵庫にあるもの）を使ってメニューを考えることができる。

●商品の選び方が分かる。（産地、賞味期限、値段、添加物等）

●値札やチラシの見方が分かる。

●予算内で買い物ができる。

●割引表示や消費税の計算ができる。

●物の相場がある程度理解できる。

●レシピ通り調理を進めることができる。またはこれまでの経験を生かして一人で安全に調理を進めることができる。

結果

　保護者からは「実生活に基づいた学習。こういうのをして欲しかった」という声をたくさんいただきました。時間の制約もあり、校内の他学習の協力も得なければなりませんので、どの学校でも、という実現にはハードルが高いかもしれません。けれども買い物は机上の学習では得られない生きた学習ができます。ぜひできるところからでも取り組んでみてください。

　レシピを探すところから取り組む学習が難しければ、袋めんを買っておいて、ラーメンの具を考える学習からスタートしてはいかがでしょうか。本校も取り組んでいる授業のひとつです。赤黄緑の栄養バランスはもちろん考えて。

　探求段階は学校のレシピを卒業して市販の料理本レシピやネットで検索した一般のレシピを用いました。そのため①②のレシピについては、市販の本のレシピを見て生徒は取り組んでいますので、今回掲載するものは、支援がよりあった方が調理がやりやすい生徒用の「めくり式レシピ」のみです。③⑦⑧⑨はネットに掲載されている２人分レシピを１人分にしたものです。生徒はネットレシピを見て、自分で２人分を１人分に換算しながら作っています。

１DAY 家庭科の生徒の作ったランチ

レシピ集

- ①チキンの甘辛にんにくソテープレート　　⇒ P.137
- ②具だくさん牛丼プレート　　⇒ P.142
- ③明太子パスタ　　⇒ P.146
- ④かつおのガーリックステーキ　　⇒ P.147
- ⑤きゅうりとみょうがの塩もみ　　⇒ P.148
- ⑥ニラと土佐ジローとはちきん地鶏の炒め物　　⇒ P.149
- ⑦チンジャオロース　　⇒ P.150
- ⑧ホイコーロー　　⇒ P.153
- ⑨卵チャーハン　　⇒ P.157

チキンの甘辛にんにくソテープレート

1

2 材料をそろえる。

3 アスパラガスの下の方の皮をむく。

4 半分に切る。

5 とりにくの筋を切る。

6 調味料用容器にさけ大さじ1。

7 べつの調味料用容器にさとう小さじ1。

8 みりん大さじ1。

9 しょうゆ大さじ1。

10 フライパンに油をひいて火をつける。

11 鶏肉の皮を下にしていれる。2分焼く。

12 ひっくり返す。

13 アスパラガスをいれる。

14 ふたをして2分焼く。

15 アスパラガスをひっくり返す。

16 ふたをして弱火にする。2分焼く。

17 アスパラガスをお皿にいれる。

18 酒をいれる。

19 チューブにんにくを少しいれる。

20 容器の調味料をいれる。

21 弱火にする。

22 とりにくをひっくり返しながら、煮る。

23 汁がなくなったら火をとめる。

24 レタスを洗ってちぎる。

25 水にさらす。

26 トマトを切る。

27 お酢大さじ 1/2。

28 油 大さじ1。

29 塩ぱっぱ。

30 黒こしょうぱっぱ。

31 まぜる。

32 レタスを水からあげる。

| 33 | トマトとレタスをボウルにいれる。 |

| 34 | ドレッシングをかける。 |

| 35 | とりにくをいれる（しるもいれる）。 |

| 36 | ごはんとサラダをもる。 |

| 37 | のりをごはんにかける。 |

| 38 | できあがり。 |

具だくさん牛丼プレート

1

2 材料をそろえる。

3 キャベツをきる。

4 にんじんをきる。

5 ボウルにいれて塩ぱっぱ。

6 もむ。

7 たまねぎをきる。

8 しめじはいしづきをとる。

9 手でこまかくする。

10 さけ大さじ1を調味料用容器にいれる。

11 べつの調味料用容器にさとう大さじ1/2。

12 みりん大さじ1。

13 しょうゆ大さじ1。

14 しょうゆ大さじ2/3。

15 水を100と50のせんのあいだまでいれる。

16 水を調味料用容器にいれる。

17 フライパンに油をひいて火をつける。

18 肉をいためる。

19 肉の色が変わったら、しめじ・玉ねぎをいれる。1分いためる。

20 酒をいれる。

21 ちょうみりょうをいれる。

22 まぜる。

23 ふたをして弱火。タイマー5分。

24 火をとめる。

25 ごはんをもる。

26 おかずをのせる。

27 サラダをしぼる。

28 うつわにいれる。

29 レモンじる、ぱっぱ。

30 べにしょうがをのせる。

31 できあがり。

明太子パスタ

- パスタ …… 1たば（100グラム）
- めんたいこ …… 1はら
- 大葉 …… 2～3まい
- きざみのり …… てきりょう
- バター …… 15グラム
- 牛乳 …… 大さじ2
- しょうゆ …… 大さじ1/2

1 材料をそろえる。

2 フライパンに計量カップ5杯の水をいれて火をつける。ふっとうしたらパスタをいれて3分ゆでる。

3 ゆであがったら、ざるにあげる。

4 明太子、バターをボウルにいれる。

5 牛乳大さじ2、しょうゆ大さじ1/2をいれる。パスタをいれてまぜる。

6 バターがとけたら、お皿に盛る。

7 大葉を切って、かざる。きざみのりも入れる。

8 できあがり。

かつおのガーリックステーキ

- かつお ………… 1/2 さく
- にんにく …… 1～2 かけ
- オリーブオイル … 大さじ1
- しょうゆ　大さじ1と1/2
- さけ ………… 大さじ2
- 粒マスタード ‥ てきりょう
- あおねぎ ………… すこし

1 材料をそろえる。

2 にんにくは、はしをきって、皮をむく。薄切りにする。

つぶマスタード　すこし
さけ　大さじ2
しょうゆ　大さじ1と1/2

3 合わせ調味料を作る。

4 フライパンにオリーブオイルを引き、にんにくを1分いためる。調味料用容器にいれる。

5 かつおを片面1分焼く。ひっくりかえして、反対の面も1分焼く。

6 まな板において、さいばしで押さえながら切る。お皿にもりつける。

10 数える

7 容器の調味料をフライパンにいれ、あたためる。10 数えて、火をとめ、かつおにかける。

8 ねぎを切ってかけたら、できあがり。

きゅうりとみょうがの塩もみ

- きゅうり …… 1本
- みょうが …… 1個
- 塩 ● 酢
- 好みでさとう

| 1 | 材料をそろえる。 |

| 2 | きゅうりは洗って小口切りにする。できるだけ薄く切る。 |

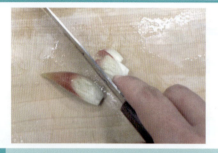

| 3 | みょうがは洗って斜めに薄く切る。 |

| 4 | きゅうりをボウルに入れ、塩ぱっぱ。きゅうりがしんなりするまでもむ。 |

| 5 | みょうがを加えてもむ。 |

| 6 | 水けをきる。 |

| 7 | お酢小さじ1を混ぜる。（砂糖を小さじ1/2～1ほど加えてもよい） |

| 8 | できあがり。 |

ニラと土佐ジローとはちきん地鶏の炒め物

- はちきん地鶏 ‥‥‥ 100グラム
- にら ‥‥‥‥‥ 1/3 たば
- 土佐ジローのたまご 1個
- とりがらスープの素
- かたくりこ
- オイスターソース
- ごま油

1 材料をそろえる。

2 卵を溶いて鶏がらスープの素を少しいれる。

 かたくりこ 大さじ1/2　 水 大さじ1/2

3 水溶き片栗粉を作る。卵を調味料用容器にいれる。

 オイスターソース 大さじ1/2

4 はちきん地鶏は一口大に切る。ニラは3センチはばに切る。べつの調味料用容器にオイスターソースを準備する。

5 ごま油をフライパンにひいて、はちきん地鶏をいためる。色が変わったら、ニラをいれる。さっといためる。

6 オイスターソースを回しいれる。

7 真ん中を開けて、卵をいれる。さっとまぜる。

8 できあがり。

チンジャオロース

1

2 材料をそろえる。

3 たけのこをきる。

4 オイスターソース小さじ1。

5 さけ小さじ1。

6 しょうゆ小さじ1/2。

7 ごまあぶら すこし。

8 塩こしょう ぱっぱ。

9 ぶたにくをきる。

10 調味料用容器にかたくりこ小さじ1/2。

11 水小さじ1。

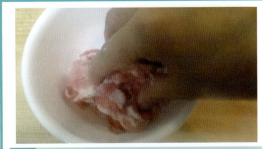

12 ぶたにくをもむ。

13 ピーマンをきる。

14 フライパンにあぶらをいれて火をつける。

15 たけのこをいれる。

16 ピーマンをいれる。1分。

17 火をとめる。

18 お皿にうつす。

19 フライパンにあぶらをいれて火をつける。

20 豚肉をいれる。

21 色が変わったら、調味料をいれる。

22 まぜる。

23 たけのこ・ピーマンをいれてまぜる。

24 お皿に入れたら、できあがり。

152

ホイコーロー

1

2 材料をそろえる。

3 みそ 小さじ1/2。

4 オイスターソース小さじ1。

5 さけ小さじ1。

6 しょうゆ小さじ1/2。

7 ごまあぶら すこし。

8 塩こしょう ぱっぱ。

9 みりん小さじ 1/2。

10 まぜる。

11 キャベツをきる。

12 ぶたにくをきる。

13 調味料用容器にかたくりこ小さじ 1/2。

14 水小さじ 1。

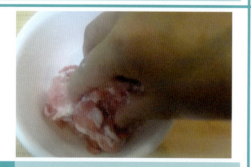

15 ぶたにくをもむ。

16 にんにくをちいさくきる。

17 ねぎをななめにきる。		**18** フライパンにあぶらをいれて火をつける。	

19 キャベツをいためる。30かぞえる。		**20** 火をとめる。	

21 皿にいれる。		**22** フライパンにあぶらをいれて火をつける。	

23 ネギをいれる。		**24** ぶたにくをいためる。	

25 にんにくをいれる。

26 肉の色がかわったら調味料をいれる。

27 まぜる。

28 キャベツをいれる。

29 まぜる。

30 火をとめる。

31 皿にいれてできあがり。

卵チャーハン

1

2　材料をそろえる。

3　ごはんをおさらによそう。

4　たまごをとく。

5　ネギをみじんぎりにする。

6　オイスターソース小さじ1。

7　さけ小さじ1。

8　しょうゆ小さじ1/2。

| 9 | ごまあぶら　すこし。 |

| 10 | 塩こしょうぱっぱ。 |

| 11 | フライパンにあぶらをいれて火をつける。 |

| 12 | たまごをいれてさっと炒める。 |

| 13 | ごはんをいれて4分炒める。 |

| 14 | 調味料をいれてまぜる。 |

| 15 | ネギをいれてまぜる。 |

| 16 | できあがり。 |

コラム

探究

● 1DAY家庭科エピソード①食材の値段を知る

　社会経験の不足している知的障害のある高校生。いくら料理ができても買い物では苦戦します。まず食材の値段の相場が分からないこと。I君は予算は150円しか残っていないのに、360円するウインナーソーセージをどうしても買いたくて、「ダメ元」でレジに並びました。案の定レジで戻され、がっかりするI君。ところがこれに懲りず何度も360円のウインナーソーセージをスーパーのかごに入れ、今度は別のレジに並び、やっぱり戻される流れを繰り返しました。最終的には100円のウインナーを購入することで納得しましたが、お金が足りなくてもレジ台を変えると、ひょっとしてウインナーソーセージが買えるかもという思いがあったようです。

　300円しか予算がないのに「海鮮丼を作る」と張り切って、「マグロとホタテを買います」とスーパーに行ったT君。スーパーから出てきたT君の袋にはかにかまが入っていました。食材の値段を見て諦め代用品としてかにかまを買ったのでしょう。Kさんはレシピでは「牛肉」となっているものでも、牛肉より安価な「豚肉」を購入して代用することにしました。買い物を通してモノの値段の相場を知り、やりくりの力を身に付けています。

　こうして生きる力を身に付けていくのだと感じます。

● 1DAY家庭科エピソード②先のことを考えて

　1DAY家庭科を通して、先のことを考えて買い物をする力が身に付きます。Yさんは豚小間切れ肉の大きめのパックを買い、3回分小分けにして冷凍するなど、今の料理だけでなく、次回、その次の回のことまでメニューを考えて行動できるようになっています。Kさんはハンバーグヘルパー（ハンバーグの素）と挽肉を多めに買って、ハンバーグをいくつも作りました。卒業後、老人保健施設に就職したKさん。家庭科のこの経験が生きており、週末に小さいお弁当用ハンバーグをたくさん作り冷凍しておき、毎朝それを調理して持っていくお弁当に詰めています。先のことを考える、このことはどんな場面においても役に立つことでしょう。

◉ 1DAY家庭科エピソード③どうしても肉が買いたい

　1DAY家庭科を全3回の授業で行っていた時のことです。この全3回の授業は予算を1,000円としていました。お肉がとにかく好きなT君。「焼肉をする！」と張り切って、買い物に行き、1,000円の予算内で買える一番いいお肉を購入。T君は「焼き肉が食べられる」とあって大喜び。ところがT君の残り金額を心配したG君がT君に、「一切れでも置いておかないとあとの2回困るで〜」と。T君はG君のアドバイスに従い、しぶしぶ一切れだけ肉を冷凍しました。調理ではお肉を焼き、プリントに赤黄緑の栄養バランスの表があったことからサラダも作り、大満足のランチに。

　1DAY家庭科2回目。T君は冷凍していたお肉を使って炒め物をすることにしました。しかしお肉はたったのひと切れ。残り100円ちょっとの予算で買える肉はありません。T君、前回のことを後悔しながらも100円で買える魚肉ソーセージを買い、炒め物に加えました。

　1DAY家庭科3回目、T君はもうストックしてある肉も予算もありません。クラスメイトや教員にお金をカンパしてほしそうでしたがそれもかなわず、結局学校にある買い置きの食材の卵やツナ缶で赤の栄養を取ることに。最後まで予算を考えて使ったG君が豪華なチキンステーキを食べるのを見て涙ぐんでいました。

　こういった経験を通して、お金は先のことを考えて使わなくてはならないことが理解できていくのだと思います。大人は子どもが困っていたらつい手を差し伸べたくなりますが、最後まで子ども自身に任せてみることはとても大事です。失敗から学ぶことはとても大きいものがあります。

◉ 自分で考えて作る力は生きる力に

　高等部2年生のS君は分数の計算もできるくらいの軽度知的障害のある生徒で、家庭科の時間もいつもそつなく、完璧にできて当たり前でした。ところが「自分で考えて作る焼きそば」の授業では、何もできなくなってしまいました。レシピがない！自分で考えて材料を揃え、自分で考えて作り味付けも工夫する。すべて自分で考えてすることにかかっている、こんな状況に対応できなかったのです。家庭科の教員が「これを使ってこれを作りなさい」と言ってくれるのをひたすら待って動きません。教員は「ここにあるものを栄養バランスを考えて取って自分で作ってね」

と返し続けました。やがて家庭科の授業は終わり他の生徒は教室に戻り次の授業に。そのあとはS君と教員の二人。結局どうやっても教員が折れないと分かって、おなかがすいてたまらなくなったS君は、やっとニンジンをゆっくりと手を伸ばしました。おそらく人生で初めて彼は自分の意志で選んだのです。その後ソースも自分から選びました。結局他のものは選べずに具がニンジンのみの焼きそばを作りました。

　S君のお母さんはS君に家庭では箸も出させないほど何もさせていませんでした。ほかにも自分が着る服や文房具に至っても自分で選んだことのない人生でした。その彼が自分で選んで自分で作ったのです。小声で「おいしい」とつぶやきながら食べるS君の目には光るものがありました。

　3年生になって1DAY家庭科がはじまりました。自分の食べたいものを考え作る授業、S君は昨年ほど迷うことはありませんでした。それどころか買い物に行った際は得意の数学の力を発揮し、鮭を買いたいクラスの友達に2割引きシールの貼ってある鮭のパックを見て「こっちを買ったら○円になってお得だよ」とアドバイスをしてあげていました。いくらもともとの力があってもマニュアルがないとできないのでは残念です。自分で考えること、そして自分でできること。経験を重ねて本物の生きる力をつけていって欲しいと思います。

◉ 学びを活かす

　Y君のお母さんは家庭科の日誌に毎回コメントをびっしり書いてこられ、家庭科の授業に期待してくださっていることが伺えました。Y君は知的にも能力は高く、料理も好きで家庭科に意欲的に取り組んでいます。ところがY君は家では何もしません。それどころか宿題もお母さんがやってくださいました。持ち物の名前もお母さんが書いてくださるほど、生活のすべてをお母さんがやってくださっていたのです。

　先日社会人になったY君とお昼ごはんを食べる機会がありました。Y君が社会人になった今でもご飯を作ったり家事などの家の仕事はすべてお母さんで、さらにY君のお給料もすべてお母さんが管理していて、Y君自身は「お給料はいくらもらっているか知りません」とのことでした。そんな話をしているうちにお母さんがY君を迎えにやってきました。Y君が高校生の時、参観日の家庭科の授業で家の人にチャーハンをふるまう企画があり、それをいまだに喜んでくださっているY君の

お母さん。家庭科の話をしていると、「よその学校を卒業した人に、『うちの子の学校は家庭科の授業があってこんな勉強をしているんですよ』『一人一台のキッチン台があって毎週調理をさせてもらったんですよ』とよく自慢していて、みなさんにうらやましがられるんです」とおっしゃいました。実際 Y 君は家庭科の授業で力をつけましたが、社会人になった今、それを活かす場面は全くないようです。いくら学校の授業が自慢でも、家庭で、実際の生活の場で学んだことをどれだけ活かすかが大事で、それをやるかやらないかで大きく違ってきます。中には「学校であれだけやっているんだから、いざとなったらあの子は自分でできます」「だから家庭では特に何もさせていません」と言われるご家庭がたまにあります。卒業後の自己肯定感や生活スキルなどに大きく影響するので、そのようなご家庭に、生徒が自分でできることの大切さを伝えきれていなかったことは、指導者としての私の課題です。習ったことを活かしてもらえるように、そしてさらにスキルを伸ばしていってもらえるように、願いをこめて学習をすすめていこうと思っています。家庭科の学びは「生涯学習」にもつながることを実感しています。

資料編①

・番外編レシピ「副菜」「汁物」「スイーツ」

副菜①

きゅうりの酢の物

- きゅうり ………… 1/2本
- ちりめんじゃこ
  ………… ひとつまみ
- カットわかめ …… ひとつまみ
- さとう …………… 小さじ2
- 酢（す）
  …… 小さじ3（＝大さじ1）
- しょうゆ ………… 小さじ1
- しお …………… すこし

1 材料をそろえる。

2 カットわかめを水にひたす。きゅうりをあらって、うすぎりにきる。

塩をすこしふりかける　　もむ

3 きゅうりに塩をすこしふりかけ、もむ。

4 きゅうりとわかめをざるにあけ、しぼる。

5 調味料用容器にわかめときゅうりを入れる。

砂糖　小さじ2　　酢　小さじ3　　醤油　小さじ1

6 合わせ酢をつくり、よくかき混ぜる。

7 ちりめんじゃこと合わせ酢を入れる。

8 かるくまぜて、できあがり。

副菜②

ほうれんそうのおひたし

番外編レシピ（副菜）

- ほうれんそう · 1かぶ
- もやし …… 1ふくろのはんぶん
- ちくわ …… 1/2ぽん
- かつおぶし …… すこし
- しょうゆ …… 小さじ1

1 材料、調味料をそろえる。

2 おゆをいれ 火をつける（中火）。

あらう

きる

3 ほうれんそう、もやしをあらう。

4 ほうれんそう、ちくわをきる。

タイマー2分

5 ふっとうしたら ゆがく（2分）。

6 ざるにあげたら、みずであらう。

しょうゆ 小さじ1
しぼる

7 ぎゅっとしぼってうつわにいれ、しょうゆ小さじ1、かつおぶしをかけ、まぜる。

8 できあがり。

汁物①

マグカップ コンソメスープ

1

2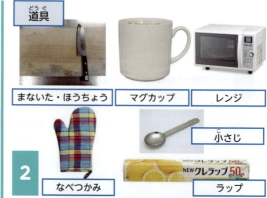
道具
まないた・ほうちょう　マグカップ　レンジ
なべつかみ　小さじ　ラップ

3
● キャベツ
● しめじ
● コンソメ
● ベーコン

4
キャベツをちぎる。

5
しめじを手でとる。

6
ベーコンをきる。

7
ラップをかけて、カップにいれる。

8
レンジに入れて、1分30秒、スタート。

番外編レシピ（汁物）

9 レンジからだす。
（あついので、なべつかみをつかう）

10 コンソメを小さじ1いれる。

11 水を150㎖ いれる。

12 ラップをしないで、レンジへ。
1分にして、スタート。

13 レンジからだす（あついので、なべつかみをつかう）できあがり。

汁物② みそ汁

- みそ ……… 大さじ 1
- 水（みず）……… 1カップ（200㎖）
- だし ……… 小さじすこし
- たまねぎ … すこし（1/8こ）
- あぶらあげ ……… すこし
- カットわかめ 小さじ 1
- ねぎ ……………… すこし

1 材料をそろえる。具は何でもよい。

ちいさく

2 やさいをあらう　具をきる。

かさねてきる

3 ねぎをきる。調味料用容器に入れる

4 なべに水を1カップ入れ、火をつける。（中火⇒弱火）玉ねぎ、あぶらあげを入れる。

| みそ 大さじ1 | だし 小さじすこし | カットわかめ 小さじ1 |

5 調味料用容器にみそとだし、カットわかめを入れる。

なべのおゆをすこし入れる

6 なべのお湯で、みそをとかす。

とかしたみそをなべにもどす

7 みそと具をなべに入れて、火をとめる。

8 おわんに入れて、できあがり。

汁物③
かぼちゃとベーコンのスープ

- かぼちゃ …… 80グラム
- ベーコン ………… 1枚
- コンソメスープの素
  ………………… 1/4こ
- お湯 ………… 150㎖
- 塩こしょう …… すこし

番外編レシピ（汁物）

| 1 | 材料をそろえる。 | 2 | かぼちゃはわたとたねをスプーンで取る。 |

| 3 | 5ミリのあつさに切る。 | 4 | ベーコンは2センチ幅で切る。 |

| 5 | なべに水150㎖とコンソメスープのもとをいれて、とかす。 | 6 | かぼちゃとベーコンをいれる。2分煮る。 |

| 7 | 塩こしょう、ぱっぱ。 | 8 | おわんにいれたら、できあがり。 |

171

汁物④
ぎょうざと白菜のスープ

- ぎょうざ …… 3こ
- はくさい …… 大1枚
- コンソメスープ …… 1/2こ
- 塩・こしょう …… すこし

1 材料をそろえる。

2 白菜は半分に切ってから、角切りにする。

3 水を200㎖いれる。

4 なべに水とコンソメスープのもとをいれて、火をつける。

5 ぶくぶくいったら白菜をいれる。2分にる。

6 ぎょうざをいれて2分にる。

7 塩こしょうぱっぱ。火をとめる。

8 おわんにいれたらできあがり。

スイーツ①
ミカンジュースゼリー

番外編レシピ（スイーツ）

- ミカンジュース ……… 250 ml
- ゼラチン ……………… 5グラム
- このみのフルーツ

| 1 | 材料をそろえる。 | 2 | なべにミカンジュースを入れて火をつける。 |

| 3 | ぶくぶくいったら、火を止める。 | 4 | ゼラチンを入れてまぜる。 |

| 5 | 器に移す。 | 6 | このみのフルーツを入れる。 |

| 7 | 冷蔵庫で1時間冷やす。 | 8 | できあがり。 |

173

スイーツ②

おしるこ

- あんこ 100グラム
- みず …… 100 ml
- しお … ひとつまみ
- もち …… 2〜3こ

1 材料をそろえる。

2 水を100（カップの半分）はかって、なべにいれる。

3 あんこをいれて、火をつけて溶かす。

4 しおをひとつまみいれる。

5 もちをいれる。

6 中火にして、2分煮る。

8 火をとめて、おわんにいれたらできあがり。

スイーツ③
ホットチョコレート

- 板チョコ … 1枚
- 牛乳 … 150 ㎖

番外編レシピ（スイーツ）

| 1 | 材料をそろえる。 | 2 | チョコレートをきざむ。 |

| 3 | 牛乳を150はかる。鍋に入れ、火をつける。 | 4 | ふっとうしたら（ぶくぶくいったら）火をとめる。 |

| 5 | チョコを少し入れる。さいばしでよくかきまぜる。 | 6 | またチョコをいれる。またかきまぜる。 |

| 7 | ぜんぶチョコを入れたら、火をつけ、ふっとうさせる。 | 8 | 火をとめ、カップに入れたらできあがり。（マシュマロなどトッピングもどうぞ） |

スイーツ④
豆乳プリン

- とうにゅう …… 200㎖ (1パック)
- さとう …… 大さじ2
- ゼラチン …… 1ふくろ
- シロップ
- 水 …… 30㎖

1 材料をそろえる。

2 水30㎖の中に、ゼラチンをいれる。なべに豆乳をいれる。

3 さとうを大さじ2入れ、火にかけ、まぜる。ふっとうしたら、火をとめる。

4 ゼラチンをいれて、よくかきまぜる。

5 いれものにうつす。冷蔵庫にいれる。

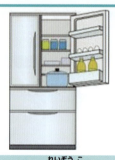

6 かたまったら、冷蔵庫からだす。（30分以上おく）

7 シロップをかける。

8 できあがり。

資料編②

・宿題プリント

家庭科より

セルフプロデュース弁当
～おべんとうの5色を考えて作ろう～

名前（　　　　　　　　　　　　　　）

白	
赤	
黄色	
緑	
茶色	
その他	

お弁当の5色を考えよう

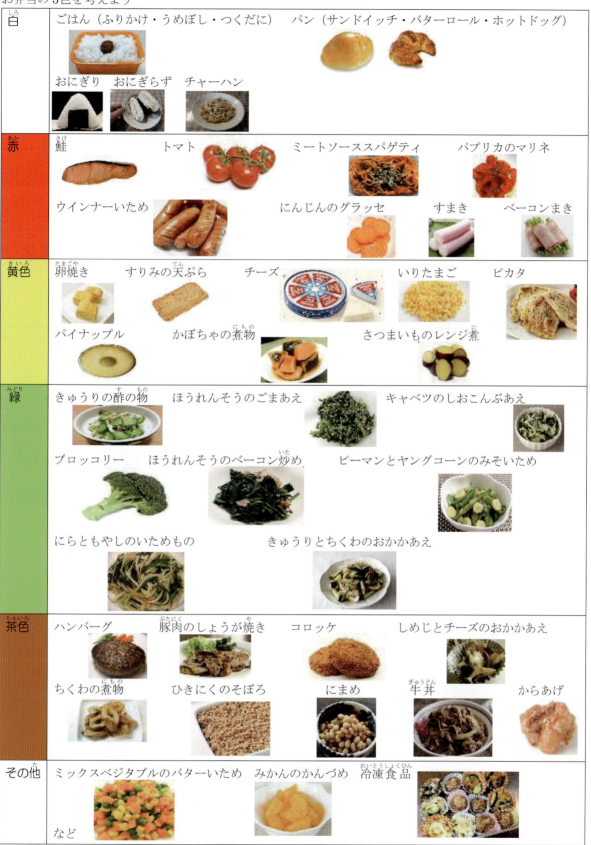

チャーハン　5つの味のラインナップ

1　焼肉味　　　　　　　　　焼肉のたれ　大さじ1

2　海鮮オイスター味　　　　オイスターソース　小さじ2
　　　　　　　　　　　　　　塩こしょう　　　すこし

3　和風味　　　　　　　　　しょうゆ　大さじ1
　　　　　　　　　　　　　　塩こしょう　　　ぱっぱ
　　　　　　　　　　　　　　しょうがチューブ　すこし

4　中華風味　　　　　　　　中華味　3回ぱっぱ

5　カレー味　　　　　　　　めんつゆ　大さじ1
　　　　　　　　　　　　　　カレー粉　小さじ1

やきそば　5つの味のラインナップ

1　ソース味　　　　　　　　とんかつソース　大さじ1
　　　　　　　　　　　ウスターソース　大さじ1

2　海鮮オイスター味　　　　オイスターソース　大さじ1
　　　　　　　　　　　しょうゆ　　　　大さじ1

3　塩味　　　　　　　　　　鶏がらスープのもと　小さじ2
　　　　　　　　　　　しお　　　ぱっぱ

4　広東風味　　　　　　　　中華風味ペースト　ぐるっとまる

5　カレー味　　　　　　　　ウスターソース　大さじ2
　　　　　　　　　　　カレー粉　　　　小さじ1

1DAY家庭科①　　月　　日

ラーメンランチ　～赤黄緑の栄養バランスに気を付けてメニューを組み立てよう～

名前（　　　　　　　　　　　　）

★今日作るメニューは

★学校に今ある材料は・・・

今日ある材料です。

ラーメン　　　　　　　たまご　　　　　　　即席みそ汁・スープ

レタス　　　きゅうり　　　トマト　　　コーン

シーチキン　　　　　　ハム　　　　　　　　香の物

★使う材料を書き出してみましょう

今ある材料から	
スーパーで買ってくるもの	

★今日のお昼のメニューにいれる材料を赤黄緑に分けましょう。

ぜんぶバランスよく入っていますか？

赤 (肉や魚の仲間)	
黄色 (ごはんや麺・パンの仲間)	
緑 (野菜や果物の仲間)	

1DAY家庭科②　　月　　日

オリジナルランチ　または　チャーハン

～赤黄緑の栄養バランスに気を付けてメニューを組み立てよう～

名前（　　　　　　　　　　　　　　　）

★今日作るメニューは

★学校に今ある材料は・・・

今日ある材料です。

| ごはん | たまご | 即席みそ汁・スープ |

キャベツ　　　　きゅうり　　　　たまねぎ　　　　にんじん

じゃがいも　　　　　　　　　　香の物

★使う材料を書き出してみましょう

今ある材料から	
スーパーで買ってくるもの	

★今日のお昼のメニューにいれる材料を赤黄緑に分けましょう。

ぜんぶバランスよく入っていますか？

赤 （肉や魚の仲間）	
黄色 （ごはんや麺・パンの仲間）	
緑 （野菜や果物の仲間）	

1DAY家庭科③　　月　　日

オリジナル定食〜赤黄緑の栄養バランスに気を付けてメニューを組み立てよう〜

名前（　　　　　　　　　　　）

★どんな定食を作りますか？

きょう、わたしが作るのは

定食です。

★今ある材料です。（使いたいものに〇をいれてください）

★あといるものは？（買ってくるものは？）

スーパーで買ってくるもの	

今日のお昼のメニューにいれる材料を赤黄緑に分けましょう。

赤 （肉や魚の仲間）	
黄色 （ごはんや麺・パンの仲間）	
緑 （野菜や果物の仲間）	

1DAY家庭科④　　月　　日

ネットレシピに挑戦（ちょうせん）　～どんぶり or パスタ～

　　　　　　　　　　　　　　　　　名前（　　　　　　　　　　　　）

★今日作る（きょうつく）メニューは

★学校（がっこう）に今（いま）ある材料（ざいりょう）は・・・

今日（きょう）ある材料（ざいりょう）です。

| パスタ | ごはん | たまご | 即席（そくせき）スープ | 即席（そくせき）みそ汁（しる） |

| レタス | きゅうり | トマト | コーン |

| シーチキン | ハム | 香（こう）の物（もの） |

★使う材料を書き出してみましょう

今ある材料から	
スーパーで買ってくるもの	

★今日のお昼のメニューにいれる材料を赤黄緑に分けましょう。

ぜんぶバランスよく入っていますか？

赤 （肉や魚の仲間）	
黄色 （ごはんや麺・パンの仲間）	
緑 （野菜や果物の仲間）	

1DAY家庭科⑤　　月　　日

最終回！！残り物から考えよう

名前（　　　　　　　　　　　　）

★今日作るメニューは

★学校に今ある材料は・・・

今日ある材料です。

| ごはん | たまご | 即席みそ汁 | ラーメン |

| キャベツ | きゅうり | にんじん | コーン |

| たまねぎ | じゃがいも |

★使う材料を書き出してみましょう

今ある材料から	
スーパーで買ってくるもの	

★今日のお昼のメニューにいれる材料を赤黄緑に分けましょう。

ぜんぶバランスよく入っていますか？

赤 (肉や魚の仲間)	
黄色 (ごはんや麺・パンの仲間)	
緑 (野菜や果物の仲間)	

家庭科宿題

一人で買い物から料理〜洗い物までチャレンジ!!

名前(　　　　　　　　　　)

1　いくら持ってスーパーに行きましたか？

2　買ったものは何ですか？

3　いくらでしたか？

4　おつりはいくらでしたか？

レシートをはっておきましょう。

1DAY 家庭科出納帳

名前（　　　　　　　　　）

日付	収入（入ったお金）	支出（購入したもの）	残高（残りの金額）
4月19日	2000円		2000円

家庭科宿題　家族の分もクッキング♪

名前（　　　　　　　　　　　　　）

1　何を作りましたか？

2　いつ作りましたか？（　）のかしょは、〇をつけてください。

（　　　）月　（　　　　）日の（あさごはん・ひるごはん・おやつ・ゆうごはん・そのた）

3　何人分作りましたか？

4　材料は何を使いましたか？

5　どんな調味料を使いましたか？

家庭科宿題　オリジナルチャーハン・焼きそばを作ろう！

名前（　　　　　　　　　　　　　）

1　どちらを作りましたか？〇をつけてください。

　　チャーハン 　　・　　やきそば

2　いつ作りましたか？（　　）のかしょは、〇をつけてください。

（　　　）月　（　　　）日の（あさごはん・ひるごはん・おやつ・ゆうごはん・そのた）

3　材料の買い物に行きましたか？　〇をつけてください。

　・一人で行った　　　　・家族といった
　・買ってきてもらった　・買い物に行っていない

4　材料は何を使いましたか？

もともと家にあったもの

チャーハン・焼きそばを作るために買ってきたもの

2018年度家庭科冬休みの宿題

高知家の食卓 in 附属特別支援学校2018
（　　）組　名前（　　　　　　　　　　　　　　）

1　高知県と聞いて浮かぶ有名な美味しいものはなんですか？（いくつ答えてもかまいません）

2　この中で好きなものはなんですか？好きなものに〇をつけてください。
　　（いくつでもかまいません）

家族で特に人気のあるのは（　　　　　　　　　　　　　　　　　）です。

家庭科宿題 — 洗い物10日間チャレンジ表!!

名前（　　　　　　　　　　　　）

食器洗いが自分でできた日を書いてください。

やった日	〇をしてください	あらいものがどれだけできたかチェック!!	
月　日	ひとり分・かぞく分	きれいにできた・まあまあ・あらいのこしあり	ナイス スタート!
月　日	ひとり分・かぞく分	きれいにできた・まあまあ・あらいのこしあり	
月　日	ひとり分・かぞく分	きれいにできた・まあまあ・あらいのこしあり	がんばっているね
月　日	ひとり分・かぞく分	きれいにできた・まあまあ・あらいのこしあり	
月　日	ひとり分・かぞく分	きれいにできた・まあまあ・あらいのこしあり	いい ちょうし!
月　日	ひとり分・かぞく分	きれいにできた・まあまあ・あらいのこしあり	
月　日	ひとり分・かぞく分	きれいにできた・まあまあ・あらいのこしあり	続けられて素晴らしい
月　日	ひとり分・かぞく分	きれいにできた・まあまあ・あらいのこしあり	
月　日	ひとり分・かぞく分	きれいにできた・まあまあ・あらいのこしあり	あと一日!
月　日	ひとり分・かぞく分	きれいにできた・まあまあ・あらいのこしあり	もくひょう たっせい!!

保護者のかたからコメント

おわりに

　家庭科の教員をしていて嬉しいこと。

　それはみなさんが実際の生活の場で教えたことを活かしてくださっていることです。「家庭科のレシピを持って帰って、土曜日の昼ご飯を作った」「昨日の晩ご飯は僕が家族分を作った」「職場実習に弁当を自分で作っていくことができた」「毎日洗濯をしています」など、習ったことを活かし、生活を楽しみ、生きる力がアップしていることを報告してもらうと本当に嬉しくなります。お金の教育をしたのち、卒業生が「貯金始めました」「夢をかなえる！」と前向きになっていることも嬉しいことです。卒業生の中には給与明細書を持ってきて、所得税が引かれていることに気が付き、「俺社会のために役に立ってる！」と胸を張って報告してくれたことも私の自慢です。家庭科は日々の生活に根差し、まさに豊かな生活をプロデュースする教科だと実感しています。

　また、保護者の方が家庭科の日誌に書いてくださるコメントも毎回励みになり、日々の実践の支えになっています。

　振り返ると家庭科はすべての生徒のみなさん、そのご家庭のみなさんに支えられて授業を行うことができていると思います。

　そして同僚の先生方、ここまで本校の家庭科を築き上げてきた家庭科の諸先輩の先生方、先生方の実践があったからこそ、今日の本校の家庭科になっていることは言うまでもありません。

　なにより、私の一番の先生は生徒のみなさんです。いつも家庭科のヒント、授業を進める秘訣を教えてくれています。私自身が「家庭科」で生徒のみなさんに育ててもらっています。生徒のみなさんが私の教師です。

　みなさん、いつもありがとうございます。

　みなさんに出会えて幸せです。

　私の周りのすべての人、すべてのもの、すべてのことに、心より感謝して。

　高知大学教育学部附属特別支援学校の家庭科の実践が、自立を願う知的障害のある方々のお役にたてますことを心より祈っています。

高知大学教育学部附属特別支援学校

家庭科指導部　**安岡　知美**

著者紹介

安岡 知美（やすおか　ともみ）

高知大学教育学部附属特別支援学校家庭科教諭。中学部・高等部の家庭科を担当する。
2016年より日本特殊教育学会にて本書の基となる食学習の発表を行う。
家庭科の消費生活分野の学習を見直し、より生活に根差し、生きる力につながる授業
を目指し金融教育をはじめ授業改善にも取り組む。
2022年に金融広報中央委員会主催第18回金融教育に関する実践報告コンクールにて
「知的障害のある生徒の生きる力につながる金融教育を〜特別支援学校高等部家庭科
におけるカリキュラムマネジメント〜」が特賞を受賞。
日本家庭科教育学会、日本消費者教育学会等での発表実績のほか、日本銀行、国民生
活センター等で講師を務める。一般財団法人ゆうちょ財団金融教育支援員。
独立行政法人教職員支援機構評議員。

この本に掲載している生徒の写真は、在校生・卒業生及びそのご家族の皆様にご承諾をいただいております。

ご協力くださいました皆様、ありがとうございました。

その他ご協力くださった皆様

高知大学教育学部附属特別支援学校

校長	佐藤淳郎先生
副校長	土居真一郎先生
元副校長	山﨑敏秀先生
元部内教頭	本間希久恵先生
元家庭科主任	柳本佳寿枝先生
前高等部主事	濵村毅先生
主幹教諭	森眞司先生
養護教諭	森美和先生

ひとりでできた！またやってみよう！

知的障害のある生徒が料理を好きになるレシピ

2024 年 9 月 3 日　初版第 1 刷発行

著　　者　安岡 知美
発 行 者　加藤 勝博
発 行 所　株式会社 ジアース教育新社
　　　　　〒 101 - 0054
　　　　　東京都千代田区神田錦町 1 - 23 宗保第 2 ビル
　　　　　Ｔｅｌ：03 - 5282 - 7183
　　　　　Ｆａｘ：03 - 5282 - 7892
　　　　　E-mail：info@kyoikushinsha.co.jp
　　　　　URL：https://www.kyoikushinsha.co.jp/

デザイン・DTP　株式会社 彩流工房　　　　　　　　Printed in Japan
印刷・製本　　シナノ印刷 株式会社
○定価は表紙に表示してあります。
○落丁本・乱丁本はお取替えいたします。
　ISBN978-4-86371-699-5